UNE LUCRÈCE

DE CE TEMPS-CI

VALERY VERNIER

UNE LUCRÈCE

DE CE TEMPS-CI

PARIS

E. DENTU, LIBRAIRE
17-19,
GALERIE D'ORLÉANS, PALAIS-ROYAL

LIBRAIRIE CENTRALE
24,
BOULEVARD DES ITALIENS

Tous droits réservés.

A GEORGE SAND

Madame et illustre maître,

Daignerez-vous accepter la dédicace de ce court récit, dont le manuscrit a eu l'excellente fortune d'être lu, l'automne dernier, dans votre célèbre et hospitalier salon de Nohant, sous l'œil de votre grand aïeul, Maurice de Saxe?

Si, au point de vue de l'importance du sujet et du talent du conteur, vous ne jugez pas ce livre digne de vous être dédié, agréez du moins cette offre comme le reconnaissant souvenir d'un hôte et le très-humble hommage d'un admirateur.

Valery Vernier.

Mai 1864.

LE NAUFRAGE DES SEPT MILLIONS

I

Le *Royal-Standard*, vapeur anglais, venait de Sydney.

Pourquoi et comment ce navire longeait la côte près de Saint-Sébastien, dans l'affreuse nuit du 15 octobre 1853, c'est ce que les annales maritimes, si vous voulez vous y reporter, vous apprendront mieux que je ne pourrais le faire.

A deux heures du matin, la tempête était furieuse.

Le capitaine et le premier officier se tenaient sur le pont du navire, que, depuis le matin, de violents coups de mer n'avaient cessé de couvrir. Un matelot venait d'être enlevé par la vague. Il y avait quatre cent dix-neuf personnes à bord, et sept millions de numéraire en pièces d'or et d'argent.

Dans le salon des passagers, presque désert, quatre hommes, en habit noir, jouaient au whist. Une jeune fille, en robe de tulle rose, était assise près d'eux sur le divan. Il y avait eu soirée à bord. Malgré le vent et la tempête, on avait un peu dansé jusqu'à minuit, et l'on espérait entrer en rade avant le jour.

Les quatre joueurs luttaient d'impassibilité. C'étaient le révérend M. Stevens, ministre anglican, M. de Peyré, oncle de mademoiselle Mathilde de Tournan, M. Pierre André, négociant parisien, trois vieillards; enfin,

M. Jules André, fils du dernier, jeune homme de vingt-sept ans, aux cheveux bruns et frisés, aux épaules larges et solides. Ces quatre hommes revenaient riches et contents, à différents égards, de ces contrées nouvelles. Un peu blasés sur les tempêtes,—car la traversée, en somme, avait été mauvaise, — ils étaient tout à leur partie.

Mademoiselle Mathilde, les mains croisées sur ses genoux, pâle et inquiète, les yeux démesurément ouverts, écoutait le bruit de l'hélice et les tonnerres du vent. Elle avait peur.

Mathilde de Tournan avait dix-sept ans. On ne lui en eût pas donné plus de quatorze, tant elle était frêle, timide et rougissante. Le principal trait de son caractère avait toujours été une sauvage pudeur que les caresses les plus enfantines effarouchaient. Orpheline, on l'avait mise en pension de bonne heure, et quand elle sortait chez la sœur de son père qui demeurait à Passy, elle tremblait chaque fois, en approchant de la maison, à l'idée de trouver là une troupe de petits cousins, collégiens à peu près de son âge, qui, les jours de sortie, faisaient les diables et régnaient en despotes chez la tante. Un jour de vacances, dans une fête de famille,— elle avait dix ans,—un des terribles cousins l'ayant prise inopinément par la taille en l'appelant sa *petite femme*, Mathilde, pâlissant et rougissant tour à tour d'indignation, cria qu'elle n'aurait jamais de mari. On voulut l'apaiser, elle s'évanouit et ne revint à elle que pour pleurer à chaudes larmes. Quelques années après, des paroles légères, prononcées devant elle par des pensionnaires, lui firent supplier sa tante de la retirer du couvent. Mademoiselle de Tournan, célibataire, affamée de romans et de procès scandaleux, dont elle se nourrissait quotidiennement dans les feuilles judiciaires, commença par lui rire au nez, et consentit ensuite à la garder chez elle.

Mathilde, qui frémissait tout le jour des libertés d'allures et de langage de sa tante, n'était heureuse et tranquille qu'en la compagnie d'un oncle, M. de Peyré, qui venait souvent à Passy. Les cheveux blancs, la physionomie calme, le geste et la conversation réservés du vieillard communiquaient à la jeune fille un apaisement et une joie sereine dont la vieille demoiselle s'apercevait en enrageant. Devant lui seulement Mathilde ne rougissait pas et ne tremblait pas.

Il arriva que M. de Peyré fut forcé d'aller à Sydney recueillir un héritage considérable et fort disputé.

Quand il vint à Passy annoncer son prochain départ, Mathilde tourna vers lui des yeux si effarés et si suppliants, que la tante de Tournan s'écria, en ricanant : Emmenez Mathilde! M. de Peyré, touché de l'attitude et des regards de sa nièce, objecta longuement les dangers de la mer, de la vie à bord et du changement de climat.

—Mais vous, ne les courrez-vous pas ces dangers? s'écria Mathilde, se levant tout à coup et prenant les mains de son oncle. Elle eut même en prononçant ces mots des larmes dans les yeux, qui firent sourire dédaigneusement la vieille de Tournan.

La chose parut d'abord déraisonnable et impossible. Mais on s'y habitua peu à peu et Mathilde, un mois après, s'embarqua au Hâvre avec son oncle.

En mettant le pied sur le navire, elle éprouva un contentement extraordinaire, et dans sa joie elle sauta au cou de M. de Peyré. Il lui sembla que les solitudes de la mer étaient un meilleur refuge pour la chasteté que la terre avec ses villes bruyantes, et surtout que ce Paris qu'elle n'avait jamais traversé sans se sentir le cœur horriblement serré d'indignation et d'épouvante.

Mais elle n'avait pas prévu la nuit du 15 octobre.

Elle était partie de France à quinze ans et demi; elle y revenait à dix-sept ans, ayant passé tout le temps que mit le procès à se terminer, entre M. de Peyré et une gouvernante anglaise, une puritaine, qui, à cette heure, dormait ou priait comme le reste des passagers. Cette exclusive société à Sydney eût rendue Mathilde encore plus timorée qu'elle ne l'était au départ, si cela avait été possible.

Au moment où commence ce récit, tandis que les joueurs, muets et impassibles, continuaient leur partie, Mathilde, au bruit du vent et des machines, tremblait vaguement à l'idée du désordre où la peur pourrait jeter les passagers de toute classe. Si l'eau pénétrait dans le navire et mouillait ses vêtements ! sa robe était si légère et elle avait les épaules nues ! L'idée de la mort ne lui venait pas.

Tout à coup la tempête redoubla de violence, et un craquement épouvantable se fit entendre. — Mon Dieu ! cria Mathilde, en entourant de ses bras nus le cou de son oncle. — Mon père ! dit Jules André, avec un geste tout pareil à celui de Mathilde. Les trois vieillards avaient laissé tomber leurs cartes et fermé les yeux. Tous les cinq étaient blêmes à faire peur.

— Rassurez-vous, mes frères, je vous en conjure ! dit le révérend M. Stevens.

En un instant, le salon fut envahi par les

passagers de toute condition. C'était le refuge des riches, ce devait être le plus sûr. Peut-être aussi cette foule tremblante cherchait-elle déjà le prêtre. Le désordre était effrayant. On entendait des cris, des appels, des sanglots. Trois jeunes créoles, trois sœurs qui s'étaient jetées sur leur lit tout habillées, étaient entrées les premières et étaient venues s'abattre, entrelacées, à l'extrémité du salon, sur le divan, où s'était réfugié le groupe des joueurs. Une mère, tenant deux enfants serrés sur son sein, grande femme aux traits vulgaires, s'était élancée vers le ministre et déjà murmurait des prières. Les femmes pleuraient ou criaient à leurs maris de sauver l'argent. Des voix grossières s'élevaient, demandant le capitaine et proclamant déjà par leur ton violent l'égalité terrible devant la mort. Des murmures aristocratiques réclamaient le silence et l'ordre. Les tables de jeu étaient renversées, les glaces brisées.

La capitaine parut à la porte du salon et dit : — Le navire a touché un rocher: Je vous

demande, messieurs, du calme et du sang-
froid. C'est l'intérêt de tous. Il y aura d'autant moins de danger qu'il y aura plus d'o-
béissance aux instructions des officiers.

Le capitaine disparut. Il s'était fait un
grand silence.

On n'entendait plus de cris, mais des la-
mentations ou des fragments de prières :
Mon Dieu! Sainte Vierge! sauvez-nous! Jules
André, tenant entre ses bras son père qui
tremblait de tous ses membres, oubliait que
Mathilde était serrée contre lui. Il l'aimait
depuis le premier jour de la traversée, et ses
regards avaient tenté de le lui dire. M. de
Peyré était le plus calme. Mathilde, les mains
dans celles de son oncle, priait à voix basse.

La capitaine était remonté sur le pont
pour faire couper les agrès et alléger ainsi le
bâtiment. Ce fut la perte du navire : le grée-
ment s'étant embarrassé dans l'hélice l'em-
pêcha d'agir et de fonctionner. Ce fut aussi
le signal de la plus grande frayeur. Le premier officier ayant été tué par la chute des
agrès, le bruit de cette mort se répandit

aussitôt dans le salon des passagers. La femme du peuple, la mère tenant ses deux enfants, qui était près du ministre, se mit à genoux la première ; tous l'imitèrent, excepté une dizaine d'hommes et les femmes qui se tordaient de désespoir sur les divans. Le révérend M. Stevens commença des prières et des consolations religieuses que le bruit des plaintes et du vent empêchait d'entendre.

Il était environ trois heures du matin. Les chocs rapides du navire redoublaient à tout instant la terreur. On mit des canots à la mer, beaucoup de passagers s'y précipitèrent : les canots, en un instant, volèrent en éclats sur les rochers.

On savait dans le salon des passagers que beaucoup de monde avait péri déjà.

Deux heures se passèrent ainsi, pendant lesquelles le capitaine vint plusieurs fois dire qu'il y avait de l'espoir et que l'on tentait d'attacher un grelin à la côte. C'était le meilleur moyen de sauver tout le monde, si chacun y mettait de la patience, du sang-froid et du courage. Le capitaine ne disait pas que quatre hommes avaient péri dans cette entreprise.

Le désespoir général était à son comble. M. de Peyré et sa nièce, M. Pierre André et son fils en étaient aux effusions des derniers adieux. Mathilde priait tout haut. Près d'elle, les trois sœurs créoles, en robes blanches et couvertes de bijoux, étaient évanouies, comme mortes, sur le divan. La violence de la tempête, qui semblait ne pouvoir plus s'accroître, redoublait effroyablement. Les chocs du navire sur le rocher devenaient si précipités qu'il n'était que trop évident qu'il allait se briser.

Il était cinq heures du matin. Alors il se passa quelque chose d'épouvantable.

Le capitaine vint annoncer qu'un nègre avait réussi à attacher un grelin à la côte, et que deux personnes déjà devaient être sauvées; mais il fallait de la patience, attendre son tour et être calme. A peine est-il remonté sur le pont, que cette foule frémissante d'espoir se précipite et s'entasse vers l'escalier. Un choc plus terrible que les précédents ébranle le navire; le poids des passagers s'ajoutant à celui des machines, le bâtiment s'ouvre par le milieu, et dans un horrible tourbillon s'engloutissent machines et passagers.

Comment, un instant après, Mathilde se trouva-t-elle retenue par Jules André, qui se tenait lui-même à un débris d'agrès, sur le pont, à l'arrière, près du gouvernail? Elle n'avait vu disparaître ni son oncle, ni M. Pierre André. Elle avait vu seulement l'eau écumante engloutir les robes blanches des trois créoles. Elle avait entendu un cri composé de mille cris épouvantables.

Maintenant, le silence humain régnait.

Jules André la tenait serrée sur sa poitrine. Près d'eux, le capitaine, devenu fou, paraissait seul à bord; il se tenait à un mât et criait : « Il y a encore de l'espoir! » Au même instant, un canot tomba des daviers et l'écrasa. Son cri fut le dernier qu'on entendit.

Il faisait presque jour. La tempête commençait à se calmer. Ceux qui survivaient s'attachaient au grelin ou aux épaves, ou tentaient d'atteindre la côte à la nage.

Ce qui retenait en ce moment Mathilde à la vie, c'était l'indignation de sa pudeur révoltée. Elle sentait sa robe collée à son corps; elle ne voulait pas se laisser mourir avec le bras de cet homme autour de sa taille. Elle faisait des efforts pour l'en détacher, et elle, si frêle, elle était près d'y parvenir :

— Lâchez-moi, disait-elle.

— Oh non! répondait Jules André, qui guettait une épave avant de se jeter à la mer; car le reste du navire allait évidemment sombrer.

— Lâchez-moi, répétait Mathilde. Et elle enfonçait ses ongles dans ses joues comme pour en arracher la rougeur.

— Non, non, répondait Jules, toujours guettant, plein de sang-froid et de résolution,

La mer s'était presque calmée tout d'un coup. Il tombait une petite pluie; il faisait assez chaud pour un matin d'octobre.

On voyait la côte; on voyait des naufragés

sur les vagues, se tenant à toutes sortes de débris. Jules aperçut un fragment d'échelle qui flottait sous le gouvernail :

— Jetons-nous, dit-il.

L'idée d'entrer dans l'eau avec lui la révolta.

— Non, je ne veux pas !

Ses pieds semblaient collés au navire.

— Vous êtes folle, dit Jules, en se mordant les lèvres au sang ; car il voyait l'échelle s'éloigner. Il usa de prières : — Mathilde ! venez ! Par l'âme de votre mère !

— Non.

— Venez, vous serez ma femme, ainsi ?...

Elle céda. Ils se précipitèrent. Jules atteignit l'échelle, et força Mathilde à s'étendre en travers des échelons. Il nageait, se tenant à une des extrémités. Exténués, meurtris, les vêtements et la peau déchirés par les aspérités des rochers, ils atteignirent le rivage.

Un peu avant d'aborder, Mathilde avait perdu connaissance. Ils n'avaient plus un lambeau de vêtements ni l'un ni l'autre. Jules eut la force de la transporter et de l'étendre sur le sable. Il obtint, en suppliant, le châle tartan qui couvrait les épaules d'une femme de pêcheur, et y enveloppa Mathilde, redoutant qu'elle ne revînt à elle avant d'être entièrement couverte. Puis il s'évanouit. On lui jeta une couverture.

Un moment après, Mathilde rouvrit les yeux, et elle remercia Dieu de cet ignoble châle qui la sauvait de la honte, cent fois plus terrible pour elle que la mort.

A QUOI RÊVAIT UNE FILLE NOBLE ET RUINÉE

II

Un mois après ce salut miraculeux dont Mathilde, pieuse et reconnaissante, avait attribué tout le mérite à une petite médaille qu'elle portait, nos deux jeunes gens, fiancés devant la mort, étaient de retour à Paris.

La vieille demoiselle de Tournan versa

beaucoup de larmes à la nouvelle de la mort de M. de Peyré. Elle pleura moins pourtant que Mathilde, qui avait déjà tant pleuré en Espagne et pendant le voyage.

Les deux jeunes gens revenaient pauvres. Tous les dollars de M. Pierre André, toutes les valeurs constituant l'héritage de M. de Peyré étaient maintenant au fond de la mer, soit dans les coffres de fer, soit dans les malles fermées à double tour. La mer roulait insoucieusement ces trésors justement, honnêtement acquis.

Jules André se fit employé. Se sentant pris d'un dégoût profond pour les affaires, dont la pratique lui rappelait trop douloureusement le souvenir de son père, il entra dans un ministère. Mathilde, à qui il ne restait qu'un faible patrimoine et qui ne pouvait attendre qu'une part bien minime dans la succession de sa tante de Tournan, tremblait non pour son propre avenir, mais pour celui de Jules André qui s'était engagé à l'épouser pour triompher de ses appréhensions pudiques et l'arracher à la mort malgré elle.

Et si Jules André ne l'aimait pas ! S'il se repentait maintenant d'une promesse qui lui jetait sur les bras une femme pauvre, une fille noble, incapable de l'aider à supporter le poids d'une existence difficile ! O malencontreuse pauvreté ! Que n'avait-elle au moins encore le quart, le dixième de sa fortune éventuelle pour payer ce généreux sacrifice ! Ou plutôt, que n'était-elle morte avant que les bras de cet homme ne l'eussent entourée ! car maintenant que ses mains l'avaient ainsi touchée, il fallait qu'il devînt son mari. Sa pudeur ne lui laisserait pas un instant de repos, elle ne cesserait pas de rougir devant lui et devant elle-même avant que des liens sacrés, l'enchaînant à lui, ne l'aient délivrée d'un souvenir que, dans ses étranges scrupules, elle regardait comme un crime.

Jules André cependant était loin de se repentir de sa promesse. La douleur de la mort de son père s'étant un peu apaisée, son cœur se remplit de l'espoir que, son deuil terminé ainsi que celui de Mathilde, il pourrait un jour lui rappeler qu'ils étaient fiancés. Et quelles fiançailles! En fut-il jamais de plus solennelles! Elles n'avaient eu que Dieu pour témoin, et pour assistants la tempête, l'Océan et la mort. Il était loin, de son côté, de penser à un sacrifice; songeant à son dénuement présent, à son avenir plus que médiocre, il frémissait à l'idée de réclamer auprès de Mathilde l'accomplissement de ce pacte étrange; il souffrait sans pouvoir s'imaginer (ce qui lui eût été une consolation) que sa pudique fiancée souffrait plus que lui. Ce n'était pas le poids de la parole donnée qui l'accablait maintenant. Il portait le joug d'un amour timide à force d'adoration.

Son père mort, Jules André n'avait plus de famille. Après de fréquentes visites pendant lesquelles la vieille demoiselle de Tournan s'était mise en frais d'amabilités pour lui, Jules obtint d'être bientôt considéré comme faisant partie de la famille, et tous les dimanches, les seuls jours de liberté pour lui, il les passait à Passy. Les dimanches, il se levait de bonne heure, choisissait les meilleurs vêtements de sa modeste garde-robe, et montait à pied la côte.

Il arrivait au moment où la grand'messe sonnait, entrait dans l'église, s'arrêtait auprès du bénitier et attendait Mathilde. Elle arrivait en grand deuil, sévère et pâle, suivie de la vieille demoiselle toujours souriante et clignant des yeux. Jules André leur tendait son doigt ganté mouillé d'eau bénite, et prenait une chaise à quelques pas derrière elles. La journée se passait assez gaiement, surtout quand quelque cousin de Mathilde, collégien lorsqu'elle était au couvent, maintenant hussard ou chasseur dans la garde, faisait assaut avec la vieille tante de libertés et de saillies dans la conversation.

Six mois se passèrent ainsi.

Jules faisait de vains efforts pour obtenir de l'avancement. Il n'entrevoyait même pas l'espoir de voir augmenter un jour ses modiques appointements. Toutes les connaissances de son père étaient des commerçants, qui même lui faisaient mauvaise mine depuis qu'il avait, disaient-ils, dédaigné d'être des leurs. Plus ses chances de fortune baissaient, plus son amour augmentait. Mathilde, le voyant si souvent, ayant pu apprécier les qualités solides, discrètes et presque parfaites de son caractère, commençait à éprouver près de lui ce qu'elle éprouvait autrefois auprès de son oncle, feu M. de Peyré, c'est-à-dire un calme, une absence de timidité, une confiance qui se trahissait par la fixité de son regard, l'abandon familier de ses gestes, l'uniformité de son teint. Elle goûtait en l'écoutant une sécurité profonde : aucune crainte d'avoir à dissimuler une rougeur ne lui restait. C'était presque un frère avec qui elle causait, du moins ce n'était pas un de ces terribles cousins devant qui elle était toujours comme une feuille tremblante au vent.

Cependant, si parfois, en causant, Jules André s'approchait trop près d'elle, si, dans un geste, involontairement, il effleurait son bras, elle s'écartait tout d'un coup, l'idée du naufrage lui revenait, elle rougissait et n'osait plus répondre.

Un dimanche, à la table de la demoiselle de Tournan, un des cousins qui revenait d'Angleterre raconta qu'il avait vu, sur la côte, non loin de Plymouth, des agents de l'amirauté anglaise se livrer à des travaux hardis, vraiment extraordinaires, pour retirer du fond de la mer des caisses, de l'argent, de l'or, toutes sortes de débris précieux d'un navire que la tempête avait brisé à cet endroit.

Et ce qui lui avait semblé plus curieux encore que les travaux, ajoutait-il, c'est ce qu'on lui avait rapporté de la loi anglaise en matière de naufrage. Suivant cette loi, tout ce qui pouvait être ensuite sauvé de la cargaison devait être partagé entre les survivants des naufragés, sans que les parents des naufragés morts y eussent la moindre part.

— Mais, à ce propos, continua le cousin, en regardant alternativement Mathilde et Jules André, êtes-vous sûrs que l'on n'ait rien retiré de l'eau à la suite du naufrage du *Standard?* Eh! eh! c'est une idée que je vous donne là.

Jules répondit qu'il ne s'en était nullement inquiété, que d'ailleurs, probablement, la loi espagnole n'était pas semblable à la loi anglaise, enfin que les Espagnols étaient un peuple trop paresseux, évidemment, pour entreprendre de telles impossibilités.

— Il serait toujours bon de s'informer, repartit le cousin. Combien d'heureux mortels furent sauvés avec vous?

— Cinq, répondit Jules, ce qui fait sept en tout.

— Eh! eh! s'il y avait seulement un million de numéraire à bord, et qu'on en pût retirer la moitié, entre sept c'est encore un joli denier à partager.

— Il y avait à bord sept millions de numéraire, répondit Jules, mais, bah! tout cela est bien perdu. Si vous aviez vu l'horrible côte et les affreux rochers comme je les ai vus, aux premières lueurs du jour, vous ne pourriez concevoir aucune espérance d'en voir retirer seulement un écu.

— Informez-vous, qu'est-ce qu'il en coûte? répliqua l'opiniâtre cousin.

On oublia vite, à Passy, les récits et les conseils du parent touriste, et Mathilde, qui voyait s'achever son deuil, qui s'effrayait, par instants, de la trop vive impression que lui faisait le souvenir du naufrage et de ses détails, s'efforçait à surmonter l'horreur de la pauvreté à venir ; et enfin par devoir, presque par dévotion, elle envisageait l'idée prochaine du mariage réparateur.

Cependant Jules, étant un jour en train de déjeuner à une table du modeste restaurant le plus rapproché de son ministère, saisit quelques mots d'une conversation à une table voisine, et crut comprendre qu'il était question d'épaves, de naufrage, de trésors retrouvés et disputés. Il s'approcha, on l'accueillit. C'était encore sur les côtes d'Angleterre qu'avait eu lieu le naufrage, et l'un des interlocuteurs, naufragé lui-même, était intéressé personnellement au débat. Jules raconta son naufrage sur les côtes d'Espagne et crut pouvoir s'informer si les choses s'y passaient, en cette circonstance, comme en Angleterre. Les causeurs répondirent d'une seule voix qu'ils étaient fort ignorants sur ce point.

— Mais me conseillez-vous, messieurs, reprit Jules, d'écrire à l'amirauté?

— Écrire! s'exclama l'un des étrangers, écrire! en Espagne! peines perdues! Si vous n'allez vous-même faire vos affaires, et, de plus, si vous n'êtes pas, comme Beaumarchais, le génie de l'activité en personne, vous n'avancerez en rien dans ce diable de pays! Cela, par exemple, je puis vous l'affirmer.

L'argent lui manquant, l'impossibilité de faire ce voyage fut un grand tourment pour Jules, qui avait fini par partager les opinions et les espérances du cousin de Mathilde. Il est si doux et si naturel de rêver la fortune quand on est pauvre et employé! Le dimanche suivant, Jules, pendant le dîner chez mademoiselle de Tournan, raconta sa rencontre au restaurant.

— Eh bien! il faut aller en Espagne, s'écria la vieille demoiselle. Avez-vous peur des brigands? Mais puisqu'on y voyage en chemin de fer..., que craignez-vous? Allez, partez!

Jules n'osa pas dire que ce n'était ni les brigands, ni les mauvais chemins qui l'empêchaient d'aller en Espagne. Mathilde devina pourquoi il se taisait. Elle pensa à lui offrir de subvenir aux frais du voyage. Mais comme il était aussi intéressé dans le résultat de cette tentative, elle eut peur de froisser sa fierté. D'ailleurs, si Jules entreprenait ce voyage, il perdait sa place sans aucun doute, et si les résultats étaient nuls, la place perdue, il faudrait se marier encore plus pauvres. Quelle perspective! La conclusion de ces réflexions fut que, le soir même, Mathilde se demanda pourquoi elle n'irait pas elle-même en Espagne, pourquoi elle ne supporterait pas les fatigues et les dangers de cette entreprise. Ne devait-elle pas cela au moins au bonheur d'un homme qui lui avait sauvé la vie, et qu'elle allait récompenser... de quelle manière?.en le forçant à épouser, lui pauvre, une femme pauvre et noble, c'est-à-dire inaccoutumée aux peines et aux travaux d'une infime existence?

Cette résolution prise, on devine que Mathilde dut prier ardemment ce soir-là, demandant à Dieu de lui donner la force de l'accomplir. Mais le souvenir du naufrage et de l'étreinte de cet homme qui l'avait sauvée lui revint encore. Se croyant toujours souillée, malgré l'extrême pureté de son cœur et de sa conscience, elle songea qu'elle ne pouvait partir, s'exposer aux dangers d'un voyage, sans s'être purifiée dans le mariage.

— Non, se disait-elle, je ne puis le quitter sans être sûre de son amour et de sa fidélité à sa promesse. Voici mon deuil expiré, et le sien près de finir. Que je sois sa femme, je serai plus forte devant moi-même, plus rassurée devant Dieu! Mon énergie sera plus grande à conquérir, si le destin y consent, une fortune qui sera nôtre!

Le soir même elle arrêta, dans son esprit, le jour de son mariage avec Jules André.

Le prêtre les bénirait dans cette église de Passy où elle avait reçu les premières leçons de la religion, où, plus tard, elle avait tant de fois effleuré de son gant le gant de Jules André lui offrant l'eau bénite. Alors mariée, réconciliée avec sa pudeur, elle chercherait une compagne de voyage, et en route pour l'Espagne ! à la grâce de Dieu !

LA MONTDIDIER

III

Le mariage eut lieu quinze jours après cette résolution.

Malgré les répugnances de Mathilde, on avait été forcé de prendre pour témoins, de son côté, deux des terribles cousins, qui assistèrent avec le notaire et le curé au simple repas de noce. Les autres cousins, qui étaient venus seulement pour la cérémonie de l'église, parurent peu satisfaits qu'on leur ôtât l'occasion de s'enivrer et de rire, en buvant, au bonheur de leur cousine, les vieux vins de la demoiselle de Tournan. La médiocrité de fortune des époux servit de prétexte plausible à cette exclusion.

Les témoins de Jules André furent deux anciens amis de son père, riches négociants, qui affectèrent une grande froideur pendant toute cette journée. Non-seulement ils reprochaient à Jules André, fils d'un commerçant aussi habile et aussi considéré, de s'être fait employé; mais ils trouvaient encore ridicule et odieux qu'il eût songé à épouser une fille noble et sans argent, lui à qui tous les bras eussent été ouverts dans les familles du haut commerce, où l'on se serait fait une gloire et un bonheur de l'aider à reconquérir une fortune égale à la fortune paternelle. Ainsi raisonnaient ces honnêtes marchands, et ils s'indignaient de ce mariage comme d'une apostasie.

Le fait est que ces braves gens ne comprenaient rien à cette union. Ils n'en pouvaient deviner le motif. Et fort heureusement! car, quelle stupéfaction d'abord, et quelles gorges chaudes ensuite, de concert avec les cousins, s'ils avaient su que cette union reposait sur un scrupule de pudeur féminine!

Mais ils devaient l'ignorer à jamais, ce motif extraordinaire qui, après avoir été un douloureux secret entre Mathilde et Dieu, était maintenant un intime et émouvant souvenir entre elle et son mari.

La messe fut plus qu'une messe de mariage pour Mathilde; ce lui fut comme un second baptême.

Les anneaux échangés, quand la bénédiction du prêtre descendit sur sa tête, elle respira librement comme si sa poitrine eût été soulagée tout d'un coup d'un poids très-lourd; et, dans le regard confiant qu'elle échangea en ce moment avec Jules André, le pauvre honnête homme entrevit une longue suite de bonheurs sûrs et infinis.

Quand ils se trouvèrent seuls et que Jules

André l'attira doucement dans ses bras, Mathilde, au souvenir du naufrage, frissonnant de joie chaste, cédant à cette étreinte qu'elle reconnaissait :

— Enfin ! soupira-t-elle ; et une légère rougeur colora ses joues.

Beaucoup de femmes eussent abusé de ce souvenir ; c'était un sujet de causerie à demi-mots, à réticences coquettes, à questions hasardeuses, à images d'autant plus émouvantes que, dans ce souvenir non encore lointain, on pouvait rétrospectivement mêler aux idées de mort les idées de volupté. Mathilde ne donna qu'un mot et un soupir à ce souvenir. Si elle l'évoqua, ce fut innocemment, et l'on peut ajouter pieusement. Jules André eut le bonheur de comprendre, et, d'un bond franchissant tous les degrés intermédiaires, son amour s'éleva à l'adoration.

Après les premières joies, Mathilde, tristement, mais résolûment, reprit son idée de voyage. On était pauvre absolument, et l'on pouvait redevenir riche.

Quelqu'un la mit en relations avec une

institutrice qui avait, parmi ses pensionnaires, des jeunes filles espagnoles. On s'informa, on se fit présenter dans plusieurs familles ; aucune occasion ne s'offrait. Un des cousins se proposa pour guide et compagnon. Mathilde tourna les yeux vers son mari pour l'assurer du regard qu'elle n'y consentirait jamais.

Elle feignit d'avoir abandonné son projet.

Une après-midi, comme elle venait de faire une démarche infructueuse, Mathilde s'acheminait à pied vers Passy.

La fatigue, causée par la grande chaleur, la força de s'arrêter et de s'asseoir dans un des nouveaux jardins des Champs-Elysées. Une dame, portant une toilette riche mais d'assez mauvais goût, était assise à quelques pas de là. Une discussion s'éleva entre la loueuse de chaises et cette dame dont le ton brusque et insultant, qui contrastait avec sa mise recherchée, impressionna désagréablement Mathilde. Elle ne put éviter cependant de répondre à la dame qui, désireuse de se faire donner gain de cause dans le conflit, venait de l'interpeller assez poliment. La conversation s'engagea. A peine les premiers mots eurent-ils été échangés que l'inconnue, après avoir rapidement étudié le visage de Mathilde, changea de ton subitement, et prit une voix aussi mélodieuse, aussi sucrée que sa voix précédente était désagréable et discordante. Mathilde, confiante et facile à aveugler, comme tous les êtres que talonne une opiniâtre préoccupation, oublia ses répugnances primitives et s'abandonna à la causerie au point de confier à cette inconnue son projet de voyage en Espagne.

Un homme d'esprit ne s'est-il pas amusé à nous représenter la Fatalité sous la figure d'une femme maigre, sèche, nerveuse, bilieuse, osseuse, aux mains crochues, aux yeux louches, aux cheveux en buissons?

D'une telle fatalité, certes, Mathilde se serait défiée. Mais la dame avec qui elle s'entretenait depuis une demi-heure environ, était grasse, blanche de peau, les cheveux lisses, les mains potelées, le regard un peu dur, un peu faux; mais s'il était louche, il ne l'était que par métaphore. Un observateur froid et perspicace eût peut-être surpris et admiré avec effroi l'art infini qu'employait la dame pour se donner l'air *bonne femme.* Cet observateur eût reconnu une comédienne effrontée, et soupçonné une infâme tentative de duperie. Mathilde, simple et crédule, écouta d'abord l'inconnue avidement; puis elle pensa que cette rencontre était providentielle; enfin, sa confiance croissant toujours, avant de répondre à une certaine proposition audacieusement faite, elle se recueillit, et remercia Dieu dans le fond de son âme.

Lorsque Mathilde eut longuement expliqué son projet et le but de son voyage, la dame, qui avait eu le temps de préparer son mensonge, contrefaisant le ton d'une quêteuse du noble faubourg en tournée de collecte, parla ainsi :

— Madame, vous ne pouvez vous imaginer combien je remercie le hasard, — le hasard, pensa Mathilde, c'est Dieu! — de vous avoir mise sur mon chemin. Je garde en ma maison, depuis tantôt six mois, les deux filles d'une ancienne amie qui habite Madrid. La mère, qui n'est pas assez riche pour les venir chercher elle-même et les emmener, me les demande cependant à grands cris; si d'importantes affaires de fortune ne me retenaient à Paris, je ne reculerais pas devant la dépense, et pour complaire à cette chère et honnête amie, je me mettrais vaillamment en route. Mais cela est, pour le moment, de toute impossibilité.

« J'ai vainement cherché, je cherchais vainement encore ce matin quelle sûre et recommandable compagnie je pourrais donner à ces petites. Des enfants de seize et dix-huit ans, vous comprenez! quelle responsabilité! Je tremble à la seule idée que je pourrais me tromper et exposer ces anges d'innocence et de piété aux embûches du démon. La race des touristes célibataires et des voyageurs de commerce est si irréligieuse, si impudente, si dangereuse! Le monde est si rempli de gens qui, pour de l'or, sont prêts à favoriser les plus criminelles entreprises et à cacher les piéges de l'enfer ! Mon Dieu ! avec quelle joie j'accepterais pour ces enfants chéris (car je les regarde comme mes propres enfants) la protection d'une noble et pieuse compagne ! Avec quel !... »

— Permettez-moi, madame, de vous faire visite demain? interrompit modestement Mathilde.

— Ce n'est pas à vous de vous déranger, ma chère dame, je ne souffrirai pas...; agréez que je vous aille voir. Je vous présenterai mes chers agneaux.

Mathilde, après quelques refus de politesse, offrit sa carte, et les deux nouvelles amies se saluèrent affectueusement. La dame, qui, sans doute, se souciait peu de recevoir sans préparation une visite de cette importance, eut soin d'oublier de donner son adresse.

Mathilde arriva rayonnante d'espoir chez mademoiselle de Tournan, où Jules l'attendait avec une impatience fébrile, ne pouvant s'expliquer comment elle avait laissé passer l'heure du dîner, elle toujours si exacte.

Madame Jules André, ne voulant pas absolument être découragée, et redoutant les trop spirituelles plaisanteries de sa tante, attendit, pour révéler l'heureux événement du jour, qu'elle se trouvât seule avec son Jules bien-aimé dans le petit appartement que la vieille fille leur louait à l'année, au second étage de son hôtel.

— J'ai trouvé! s'écria-t-elle, en ôtant devant la glace la première épingle de sa natte blonde.

— Qu'as-tu trouvé?. demanda Jules inquiet.

— Espoir, espoir! mon sauveur chéri, répondit-elle, en allant embrasser son mari, lorsque, la dernière épingle étant enlevée, ses belles nattes tombèrent sur ses épaules. J'ai trouvé, mon Jules bien-aimé, une aimable et digne femme... Figure-toi que cette chère madame (tiens, j'ai oublié de lui demander son nom) cherchait aussi une compagne de voyage pour deux jeunes demoiselles, les filles d'une de ses bonnes amies qui habite Madrid.

— Tu y penses donc toujours? demanda Jules soudainement attristé,

— Je ne pense qu'à toi, mon cœur. Mais ce que j'ai une fois résolu, je l'exécute toujours.

— Si tu t'informais au moins à l'ambassade d'Espagne?

— Qu'irais-je faire à l'ambassade? Tu sais l'indifférence du monde en général, et des employés en particulier; on me promettrait d'écrire, et on l'oublierait. Comme les cinq autres naufragés survivants sont de pauvres gens qui sont je ne sais où et à qui l'idée de cette entreprise ne viendra probablement pas, je serais seule à importuner ici l'ambassade, et une ambassade ne s'émeut pas pour une seule et unique réclamation.

— Mais tu vas courir des dangers, mon pauvre ange.

— Des dangers? je n'en redoutais qu'une sorte, mon Jules, dit Mathilde en baissant les yeux et couvrant de baisers la main de son mari. Je ne les redouterai plus maintenant. Trois femmes qui s'estiment et se protégent mutuellement sont bien fortes, va. Quant aux autres périls, je les brave, pour toi... pour nous, ajouta-t-elle d'une voix plus tendre.

Jules, dans sa préoccupation triste, se laissa aller à hocher la tête.

Ce geste involontaire mit un éclair d'orgueil révolté dans les yeux de Mathilde. Elle sourit dédaigneusement : — Réfléchis donc, Jules, murmura-t-elle, je ne suis pas une bourgeoise! Elle se repentit aussitôt de ce mouvement, et d'une voix caressante : — Ne te fâche pas, mon ami, pardon. Je ne te parlerai jamais des croisades, ni de Fontenoy, ni de la devise des Tournan, ne crains rien. Mes aïeux sont morts et tu les vaux tous, toi, mon héros intrépide, mon sauveur, mon unique amour! Mais... crois en moi!

Deux circonstances se présentèrent, les jours suivants, dont l'une affermit Mathilde dans sa confiance en madame de Montdidier (c'est sous ce nom de couleur romantique que s'était présentée la grosse dame des Champs-Elysées), tandis que l'autre déterminait Jules à laisser accomplir à sa femme le voyage projeté.

Comme Mathilde entrait à l'église, le surlendemain, au moment où sonnait la messe de huit heures, elle vit près de l'autel de la première chapelle latérale une femme agenouillée sur un prie-Dieu qui lui parut être la dame. C'était elle, en effet. Elle était accompagnée d'une femme un peu plus âgée, qui semblait prier dévotement.

A l'issue de la messe, les deux dames vinrent au-devant de Mathilde, et madame de Montdidier présenta son amie, qui avait l'honneur, disait-elle, d'être inscrite sur toutes les listes d'associations charitables et religieuses les plus recommandables de Paris. Mathilde crut reconnaître cette vénérable personne et se rappeler qu'elle avait eu, de son côté, l'honneur de déposer plusieurs fois son offrande dans le petit sac de velours rouge à glands d'or, présenté par cette dame aux fidèles, à la sortie de quelques sermons de charité fort aristocratiques auxquels elle avait assisté avec sa tante.

Après une conversation d'un quart d'heure, qui ne laissa aucun doute dans l'esprit de Mathilde sur les pieuses habitudes de la grosse dame et de son amie, madame de Montdidier annonça qu'elle aurait l'honneur de présenter les deux jeunes voyageuses à quelques jours de là.

Dans la même journée, Jules, en se rendant à son bureau, fit rencontre d'un M. Peyronnet, qui lui apprit que son frère était fixé à Madrid depuis six mois et comptait y passer encore un an. Ce frère, qui s'était fait Espagnol temporairement, était un ami d'enfance de Jules, et, bien qu'ils ne se fussent pas vus depuis plusieurs années, Jules André le regardait comme le plus sûr, le plus fidèle, le plus intime des amis.

Cette rencontre lui dégagea la poitrine d'un terrible poids. Il voyait Mathilde reçue, hébergée, conseillée et guidée par l'ami Peyronnet, qui était pour lui comme le plus dévoué des frères. Aussi, malgré le chagrin d'une prochaine séparation, ne put-il s'empêcher de laisser éclater une certaine joie en annonçant à sa femme cette rencontre fortuite qu'il qualifia aussi de providentielle.

— Tu vois bien, cher ami, que Dieu le veut! s'écria Mathilde après avoir, de son côté, raconté sa rencontre à l'église, et la présentation de la vénérable amie de madame de Montdidier.

Jules, enivré de caresses, consentit donc à ce voyage, ou plutôt il l'accepta; non sans souffrir de sa pauvreté qui le clouait à son poste. Car si l'amour aime à mettre les ressources en commun, il n'en est pas moins douloureux pour un homme de cœur d'accepter, même de l'épouse adorée, un dévouement qui se traduit d'abord par une dépense à laquelle il ne peut lui-même subvenir.

Par une étrange fatalité, la vieille demoiselle de Tournan, toujours si alerte et si bien portante, qu'elle ne se souvenait pas d'avoir gardé la chambre pour le moindre rhume, se trouva malade et couchée lorsqu'arriva, suivie de ses innocentes voyageuses, la dame de Montdidier.

Ce fut un contre-temps vraiment déplorable que l'indisposition de la tante; car le jour du départ fut irrévocablement fixé dans cette visite, et le petit hôtel de Passy n'eut que cette unique fois l'honneur d'abriter la respectable dame.

La vieille demoiselle, avec son esprit si délié naturellement, et que l'habitude de la raillerie avait rendu si pénétrant, aurait noté mille détails dans la conversation, détails qui échappèrent tous à Mathilde.

Elle se serait aperçue que l'attitude des deux demoiselles était d'une décence étudiée, qu'elles baissaient les yeux trop fréquemment et quand il n'y avait pas lieu; que ces prétendues sœurs n'avaient entre elles aucune ressemblance de visage; qu'elles ne savaient que répondre et semblaient craindre de mal réciter une leçon apprise; elle aurait remarqué que madame de Montdidier ne se doutait nullement de ce que c'était qu'une amirauté, et à peine de la position que Madrid occupait dans le royaume d'Espagne. La vieille de Tournan aurait enfin constaté, mais positivement, que, lorsque Mathilde avait présenté à la dame un *Voyage en Espagne*, la noble dame s'était hâtée de rendre le volume sans paraître en avoir même déchiffré le titre.

L'EXPRESS DE PARIS A BORDEAUX

IV

Le moment du départ arriva. — Je vous trouve bien braves tous les deux, dit la vieille demoiselle de Tournan, en embrassant Mathilde, toi, brebis tendre et jolie, de n'avoir pas plus de peur des loups, et ton mari de ne point craindre davantage le minotaure.

Un cousin, officier de hussards, qui se trouvait là, éclata de rire.

— Et pars-tu bien accompagnée, au moins? ajouta la vieille demoiselle.

— Parfaitement, ma tante. Je crois qu'en tout pays du monde, excepté chez les sauvages, trois femmes dont une femme mariée et deux jeunes filles modestes, sages, bien élevées, forment un groupe capable de se défendre lui-même.

— Très-bien, je ne dis plus mot. Tu as raison ; le nombre trois est agréable aux Dieux. Minerve et tous les honnêtes gens de l'Olympe veilleront sur vous.

Telle fut la bénédiction mythologique de la vieille demoiselle.

Les larmes de Jules tombèrent sur le front de Mathilde comme une rosée moins païenne. Les vœux du jeune mari appelèrent sur cette tête si chère les regards des anges. Le couple remercia intérieurement de leurs bons offices Minerve et les autres déesses, dont une chrétienne aussi chaste, aussi pudique que Mathilde n'avait que faire.

A la gare du chemin de fer, on trouva madame de Montdidier et ses jeunes protégées. Les jeunes filles portaient de simples robes de taffetas noir; de longs châles de laine noire les enveloppaient tout entières.

Tout à coup Mathilde s'aperçut qu'elle avait oublié quelque chose. — Je t'en prie, mon ami, dit-elle à son mari toute suffoquée, prends une voiture, retourne chez nous, tu trouveras sur ton secrétaire, oui, c'est là que je l'ai laissée, ma petite médaille de Rome; je ne puis partir sans cela. Nous avons une heure devant nous.

Jules prit une voiture, fut trois quarts d'heure absent et revint rapportant la médaille consacrée. Mathilde la reçut avec un transport de joie qui se trahit par une grande rougeur, et, s'étant écartée du groupe, se cachant même de son mari, elle dégrafa son corsage et fit tomber la petite médaille dans sa poitrine.

Madame de Montdidier sourit avec un air de bonne femme qui approuve et respecte toutes les superstitions.

La cloche sonna. Mathilde resta une minute dans les bras de son mari (c'était le matin, il n'y avait qu'eux dans la salle d'attente), puis elle s'élança toute en larmes vers le train.

Maintenant que l'express est en marche et roule vers Orléans, nous pouvons, si cela plaît au lecteur, glisser la main dans la poche de mademoiselle Alice, y prendre la lettre que lui a confiée madame de Montdidier, la décacheter et la lire. Voici ce que contient cette lettre :

« Ma chère enfant,

« Je t'envoie Alice et Florine, que tu as vues ici l'an dernier, deux perles, deux mignonnes, sages comme des images. Si elles ne font pas la gloire de l'hôtel Ferrer, du moins elles n'y feront pas de tort. Je n'ai rien épargné pour leur première éducation. Mais ce sont des petits anges du quartier Saint-Antoine qu'il ne faut pas brusquer. Mène-les doucement. Elles obéiront gentiment, les pauvres petites chattes, et ne donneront que de la satisfaction à leur seconde mère. Elles t'arriveront accompagnée d'une noble dame, une femme du grand monde dont j'ai fait la connaissance aux Champs-Élysées ; c'est une vraie jolie dame, qui a des sentiments de famille et qui ne serait déplacée dans aucun salon. Vois à ce que cette femme ne manque de rien en arrivant, et écris-moi si tu es contente de ta chérie,

« ROSA DIDIER. »

Lorsque l'on descendit à Orléans, Mathilde s'aperçut avec surprise que le long châle de laine noire des jeunes voyageuses cachait des détails de toilette assez bizarres. Des petites montres d'or émaillé pendaient à leurs ceintures, et même la plus grande, mademoiselle Alice, avait deux chaînes d'or, une chaîne pour la montre et une chaîne pour un lorgnon d'écaille, qui sautillait, brimballait et faisait une musique riche avec le trousseau des breloques où l'on distinguait un petit canon, un petit fusil, un petit binocle, une petite voiture, des racines de dents en corail rouge, un petit yatagan, une petite brouette, un petit médaillon, et l'ancre de salut.

Cette jeune Alice était svelte, la taille mince et droite comme un jeune palmier, très-brune, un signe sur la joue, l'air pudique des madones de Luini, des cheveux dont les bandeaux épais encadraient l'ovale entier du visage, une bouche dédaigneuse et toujours fermée.

L'autre jeune fille avait nom Florine. Elle souriait, elle allait, elle venait, blonde, rose, petite, montrant des dents, de vraies perles; les cheveux relevés, cendrés, frisés; un diamant si petit mais si brillant au bout de l'oreille qu'il y semblait incrusté. Elle se moulait dans son châle, et minaudait; tandis que mademoiselle Alice paraissait de marbre, et que son cachemire tombait à pic jusqu'à terre, comme un vêtement de drap qu'un sculpteur a jeté machinalement sur un bloc ébauché.

La conversation eut beaucoup de peine à se nouer, dans le compartiment de première classe où se trouvaient Mathilde et les jeunes filles.

Après une demi-heure de silence :

— Aimez-vous la lecture ? demanda Mathilde à mademoiselle Alice, en lui offrant un volume de la bibliothèque de Tours.

— Beaucoup, répondit la jeune fille. Mais aussitôt elle rendit le volume en disant : Je l'ai déjà lu.

Notre opinion est que jamais elle n'avait eu ce livre entre les mains ; mais elle avait cru comprendre, en parcourant le titre, que c'était un ouvrage écrit par un archevêque, et il paraît qu'elle ne se souciait pas de cette lecture. Bientôt Mathilde offrit des poires qu'elle avait dans son sac de voyage ; on les accepta, et il y eut un brin de conversation sur la cherté des fruits qui fit passer une demi-heure.

A une station, un voyageur monta dans le compartiment. Le nouveau venu demanda et obtint la permission de fumer. Il tira de sa poche un étui gonflé de cigares de l'aspect le plus affriandant ; pendant tout le temps qu'il mit à choisir, couper et allumer son londrès, le regard de mademoiselle Florine resta fixé sur lui, et il semblait (folle imagination !) qu'il y eût du regret et de l'envie dans les yeux de la jeune fille.

Quand le cigare brûla, elle poussa un soupir.

— Est-ce que vous êtes triste? demanda Mathilde à mademoiselle Florine.

—Non, répondit-elle, je songe à ma mère !

— Pauvres enfants, pensa Mathilde.

A une autre station, parut un autre voyageur. Il se plaça auprès de mademoiselle Alice. C'était un Anglais qui étudiait les classiques. Il tira de son sac de voyage un volume grand-format, broché. C'était le dernier roman de Paul de Kock.

La jeune Alice glissa son regard vers le livre du voisin, lut le titre et soupira.

— Et vous aussi, vous êtes donc triste? lui demanda Mathilde.

La réponse de mademoiselle Alice fut

toute semblable à celle de sa prétendue sœur. Je songe à ma mère, répondit-elle.

— Douces créatures, pensa encore Mathilde.

Les deux voyageurs, qui, du reste, ne reparaissent plus dans le récit, venaient involontairement d'infliger aux deux voyageuses des sensations dont Mathilde, on le voit, était à mille lieues de se douter.

Au crépuscule, le train traversait une vallée ; des deux côtés le paysage était ravissant.

— Voyez donc, s'écria Mathilde, que c'est joli ce parc, ce pavillon éclairé, ces enfants sur la pelouse ! On danse. Voilà des rafraîchissements sous la tonnelle ; c'est sans doute quelque fête de famille, un anniversaire ! Voyez là-bas le groupe des grands-parents : quels cris de joie ! ce parterre est délicieux ! que ces eaux sont limpides ! et ces cygnes dans les bassins !

Tandis que Mathilde s'exclamait ainsi avec une joie naïve et presque attendrie, mesdemoiselles Alice et Florine promenaient un regard sérieux et ennuyé sur le paysage, et répétaient : C'est joli, c'est vraiment joli! du même ton que si elles eussent été à contempler la prise de Sébastopol, éclairée de feux du Bengale, dans une baraque à deux sous.

Mathilde s'aperçut de leur froideur. — Hélas! je n'y pensais pas, se dit-elle en se grondant intérieurement. Ces pauvres enfants ont peut-être été mises au couvent dès leurs plus jeunes ans ; elles n'ont peut-être jamais habité la campagne. Je ne réfléchis pas, dans mon égoïsme, que nos impressions n'empruntent leur douceur qu'à nos souvenirs, et, sans doute, les chères créatures n'ont entrevu rien de semblable dans leur enfance. Ou bien n'ont-elles d'amour que pour le ciel éclatant et les montagnes arides de l'Espagne?

— Y a-t-il longtemps que vous n'êtes allées à Madrid? demanda-t-elle aux jeunes filles.

— Mais nous n'y sommes jamais allées, répondit mademoiselle Florine ; ah! si fait, à Madrid, au bois de Boulogne? Nous y avons encore soupé, la semaine dernière, avec maman Montdidier.

Mademoiselle Florine était une étourdie; sa compagne la poussa du coude. Mais Mathilde ne s'aperçut de rien.

Quand on eut vingt minutes d'arrêt, on descendit pour dîner.

— Ah! que je m'ennuie! dit Alice à l'oreille de Florine.

— Viens par ici, murmura la compagne. Ces demoiselles laissèrent Mathilde entrer au buffet, et se dirigèrent vers la buvette où la foule des voyageurs de troisième classe se pressait, poudreuse et altérée.

— Deux petits verres, s'il vous plaît, dit mademoiselle Florine.

— Quel trésor de cognac! ma chère. Ce doit être ici le pays! exclama l'impassible Alice.

— Eh bien, alors, un royal verre d'absinthe! C'est couleur d'espérance!

— Non, nous n'avons pas le temps. *Elle* nous attend au buffet.

Mathilde, en effet, attendait inquiète.

La nuit, dans ce compartiment, faillit être tragique. Les trois femmes étaient restées seules. Le train roulait entre des talus profonds et boisés. Auprès des tunnels retentissants, l'engouffrement de l'air faisait ployer et siffler les branches des jeunes arbres dont le feuillage tourmenté, éclairé par la lueur sinistre de la machine, effrayait le regard. La vitesse était grande. Mathilde avait défait son chapeau, et dormait.

Mesdemoiselles Alice et Florine, armées, chacune de leur côté, d'un couteau à lame pointue et à manche de nacre, enveloppées de leur châle, du sommet de la tête jusqu'aux pieds, occupaient les deux coins vis-à-vis. Elles bravaient le vent de la nuit; leurs cheveux s'ébouriffaient sur leurs fronts, sur leurs joues, et, par moments, leur cachaient presque entièrement le visage.

Quand la fumée rabattait et que des étincelles, comme des morceaux de feu, passaient, elles poussaient de petits cris; mais elles aimaient à aspirer le courant d'air formidable, et semblaient bien contentes de se trouver l'une à l'autre un petit air de sorcières, encapuchonnées d'ombre et le nez frissonnant.

Elles faisaient grand bruit avec leurs mâchoires, en croquant sous leurs dents d'épagneuls des quartiers de grosses pommes vertes qu'elles s'offraient l'une à l'autre à la pointe de leurs couteaux. Jusque-là elles étaient amies, et si le sabbat eût encore existé quelque part (je ne crois pas qu'il s'en fasse encore), si quelqu'un fût venu les inviter à y assister, elles y seraient allées volontiers de compagnie.

Elles se racontaient des histoires drôles, et se rappelaient des scènes où leurs sens avaient frémi.

Mathilde rêvait.

Elle rêvait que l'Amirauté espagnole s'empressait de plonger dans la mer, devant Saint-Sébastien, machines et hommes chargés de visiter les profondeurs, de ravir au sable et aux anfractuosités des roches sous-marines le coffre de M. de Peyré, plein d'or et de bank-notes. Elle le voyait sortir de l'onde, ce coffre, tout enveloppé dans le réseau gluant des plantes marines, et couvert de coquillages de toute espèce. Deux anges, sous forme de plongeurs habillés de fer et de caoutchouc, l'avaient arraché aux mollusques, et le lui rapportaient, tenant chacun un des côtés, et marchant sur la mer, d'un pas noble et rapide.

Elle se voyait ensuite de retour en France, se rapprochant de Paris à toute vapeur ; le coffre aux millions, dûment enregistré sur le livre de la Compagnie du Midi, l'accompagnait. Les facteurs l'avaient mis dans le wagon de marchandises qui suivait immédiatement celui où elle se trouvait; il était là, mêlé à des colis vulgaires, à des caisses de thé avarié, à d'antiques sacs de nuit, à des malles communes, sans valeur, sans importance, des malles qui ne contenaient que des chemises usées, des foulards troués, des habits blanchis; peut-être même le coffre était-il enfoui, caché, écrasé, sous ces colis stupides; mais il était là, indubitablement.

Et puis, elle se voyait arrivant à Paris. Jules l'attendait à la sortie de la gare. Il l'embrassait, devant les conducteurs d'omnibus, qui harcelaient les voyageurs. Les facteurs montaient le coffre sur une impériale. L'omnibus partait; elle tremblait durant le trajet. Si un voyageur allait se tromper et faire descendre le coffre au seuil de quelque hôtel inconnu! Enfin on arrivait à bon port. Le coffre entrait chez eux. Jules l'ouvrait.

Ensuite, Jules, devenu riche, donnait des bals. Il était nommé chef de sa division. Le gouvernement qui n'attendait que ce moment-là, le décorait. On avait un appartement où le jour entrait à flots par de grandes fenêtres donnant sur un jardin séculaire. On vivait heureux. Enfin, Mathilde se voyait, un matin d'été, gravissant avec Jules la pente d'une colline sur le sommet de laquelle se trouvait une chapelle votive, et, dans le chœur de cette chapelle, elle faisait appendre un petit coffre d'acier admirablement ciselé, chef-d'œuvre d'un Benvenuto du boulevard Montmartre, ex-voto en l'honneur du coffre de M. de Peyré, rapporté du fond de la mer par les grands anges au pas rapide.

Le rêve s'arrêtait là ; mais Mathilde dormait toujours, et un autre rêve venait, sorti par la porte d'ivoire.

Le train roulait, toujours plus vite, en passant sous les courts tunnels très-rapprochés. C'était, chaque fois, comme un coup de tonnerre.

Mesdemoiselles Alice et Florine n'étaient plus amies. Une querelle, noire comme la nuit qu'il faisait, et prompte comme le train, s'était élevée tout à coup. Il n'y avait plus de pommes, mais les couteaux étaient toujours ouverts. On se chamaillait depuis un quart d'heure.

— Tiens, tu es une sotte ! disait mademoiselle Alice. Si tu t'avises de lui dire un mot, j'écris à maman Montdidier par le télégraphe, et tu sais qu'elle a le bras long.

— Toi, écrire par le télégraphe, siffla mademoiselle Florine, entre ses petites dents fermées par la colère, tu n'as pas assez de cœur pour ça !

— J'aime mieux n'avoir pas de cœur que d'être bête.

— Ah ! je suis bête, tiens !

— Bon, un coup de pied, attends ! Tiens, sur ton nez !

— Veux-tu bien fermer ton couteau !

— Vas-tu fermer le tien, ou sinon... !

On s'apaise, on pleure. C'est déjà éteint.

— Si tu promets de ne pas *lui* parler, je n'écrirai rien, conclut mademoiselle Alice.

— Eh bien ! je ne parlerai pas.

— Es-tu assez méchante, hein ? quand tu t'y mets.

— Pourquoi me menaces-tu, quand je te dis une chose qui me passe par la tête ? Nous ferions mieux de dormir comme *elle*. Regarde, est-elle belle en dormant ! Tiens, bonsoir ! les yeux me piquent.

Il n'y eut bientôt plus d'éveillés dans le compartiment que les esprits du rêve, qui allaient de l'une à l'autre, présentant aux yeux de l'âme de petites peintures, tantôt tristes, tantôt riantes, jusqu'au moment où la lueur froide du matin, le sifflet strident et prolongé du piston d'échappement, forcèrent les esprits à déguerpir par les petites croisées.

L'HOTEL FERRER

V

C'était une maison du vieux Madrid qui avait dû être construite en même temps que l'Escurial; un logis froid, sévère, sombre et vaste.

La première porte franchie, on se trouvait sous une voûte, qui était de la largeur de la porte, et qui occupait en longueur toute la profondeur du premier corps de logis. A gauche de cette voûte se trouvaient anciennement les écuries et les remises; à droite, exhaussé de quelques marches, un vestibule de marbre, et au fond de ce vestibule, un large escalier tournant qui conduisait aux appartements du premier étage.

Dans ce premier corps de logis, demeurait seule, en haut, une vieille femme, qui était d'origine française, qui se nommait Marianne, et que l'on appelait dans la maison Anna, et quelquefois Anna-Dolorès. C'était une petite vieille courbée, ridée comme une pomme au mois de mars, éternellement vêtue de drap brun et coiffée d'un bonnet de linge, toujours éblouissant de blancheur. Quand on frappait à la grande porte, cette femme descendait le vieil escalier à rampe de bois, allait lentement ouvrir, montrait aux arrivants la porte du second corps de logis, au-delà de la cour, et remontait péniblement l'escalier.

Qui habitait au fond? que se passait-il,

de jour et de nuit, dans le second bâtiment de l'habitation? La vieille femme l'ignorait; elle avait changé de maître chaque fois que la maison avait changé de propriétaire. Elle était toujours prête à ouvrir la porte, quelle que fût l'heure, et on la laissait vivre à sa guise dans toute cette partie de la maison, qui était dans un état de vétusté et de délabrement tel que, depuis longtemps, on avait dû renoncer à l'habiter.

Ce fragment de palais habité par la vieille Anna avait, sur la rue, une façade percée de fenêtres, ou plutôt de lucarnes si étroites qu'elles ne semblaient faites que pour encadrer une figure. Quant aux fenêtres donnant sur la cour, elles étaient protégées par des persiennes qui avaient tout l'air de n'avoir point été ouvertes depuis cent ans.

La vieille Anna ne demandait rien, mais elle recevait volontiers. Souvent quelque cavalier, dont on distinguait l'habit noir fermé sous son manteau entr'ouvert, lui avait avancé, du bout de ses doigts gantés de blanc, une piécette d'or; et, au moment où commence cette histoire, Anna-Dolorès avait vaguement deviné que la propriétaire actuelle était une Française, vivant de façon mondaine et un peu irrégulière. Mais cela ne la regardait pas.

Après la voûte de la grande porte, on traversait une cour étroite et longue, plantée d'arbres fruitiers, presque tous morts de vieillesse. Derrière ces deux rangées d'arbres, de chaque côté, se trouvaient des hangars vides.

Au bout de cette cour, apparaissait le second corps de logis, à deux étages et au toit surmonté d'un campanile. L'entrée de cette habitation était un étroit portique d'aspect lourd et monastique, composé d'un balcon carré, à balustrade de fer très-ouvragé, supporté, de chaque côté, par une colonne de granit; on franchissait quatre marches et l'on se trouvait devant une porte assez petite, lourde, massive, garnie de grosses têtes de clous symétriquement rangées, s'ouvrant sous un cintre étroit.

On pénétrait dans des corridors de marbre

peu éclairés, qui se coupaient en croix et dont les voûtes étaient ornées de grosses nervures blanchies à la chaux, jadis peintes et dorées comme aux voûtes des églises.

Dans le milieu du corridor de gauche s'ouvrait la porte d'un grand salon carré, orné de tapisseries madriléniennes représentant, d'un côté, une chasse au cerf, de l'autre, le bain de Diane. Les nymphes, entièrement nues, avaient huit pieds de haut, et l'on distinguait les cornes d'Actéon, blanches, sur un fond de feuillage sombre; quelques parties argentées, çà et là, sur la nappe verte de la fontaine, imitaient le clair de lune.

Cette vaste salle, aux plafonds élevés, assombris par des peintures héroïques, avait un air de royal ennui qui rappelait les antichambres de Versailles. Ses deux grandes fenêtres, aux persiennes toujours fermées, donnaient sur un jardin où jamais personne ne se promenait, où les oiseaux du ciel pouvaient seuls admirer de vastes terrasses, festonnées de buis, de longues plates-bandes plantées de rosiers, enfin, de très-ennuyeux rectangles, peuplés d'arbres fruitiers.

Par le corridor opposé, plus sombre encore que le précédent, on pénétrait dans une immense cuisine qui faisait pendant avec le salon, et dont les fenêtres donnaient aussi sur le jardin. Là avait dû s'agiter, jadis, tout un peuple de marmitons. Là, jadis, sur vingt fourneaux allumés, avaient dû cuire et rôtir ensemble les faisans de l'Aragon, les asperges et les courges d'Aranjuez, les cailles de la Castille, les saumons de l'Ebre et du Douro. Par ses proportions grandioses et son aspect solennel, cette pièce eût mérité que Murillo la représentât dans son tableau de la *Cuisine des anges.*

Mais ce n'était plus le temps où se préparaient les festins offerts aux gens de cour, amis du maître. Cette cuisine servait, maintenant, à vingt usages bien différents de sa primitive destination. A l'heure où nous sommes de ce récit, on voyait, au milieu de cette pièce, une large table-toilette, surmontée d'une glace ovale, chargée de peignes, de brosses, de pots de pommade de toutes formes et de toutes couleurs, de boîtes à poudre de riz, enfin, d'une quantité d'autres pots plus petits renfermant des produits plus délicats et plus précieux, engins indispensables de beauté. Devant cette table, dans le fauteuil de velours, sur le dossier duquel pendait un peignoir blanc, un homme, aux bras croisés par l'impatience, était assis despotiquement. Cet homme portait un habit noir et une cravate blanche, il avait un peigne d'écaille accroché dans sa chevelure ébouriffée. C'était un coiffeur français.

A chacun des coins de cette salle se voyait, développé dans toute sa largeur, un paravent de cuir aux dessins moresques; derrière chacun de ces paravents, on devinait une baignoire, dont les robinets s'égouttaient lentement, et dont la fumée s'élevait, en nuages, jusqu'au plafond peint en grisaille.

Dans le grand salon précédemment décrit, il n'y avait, en ce moment, que deux femmes: la maîtresse du logis qui travaillait, sa tête blonde penchée sur un métier à tapisserie dont le canevas était à moitié couvert de laine aux couleurs éclatantes, et une petite servante qui, se haussant sur la pointe des pieds, allumait, à grand'peine, les bougies de deux grands candélabres dorés, posés sur une haute console de marbre vert.

La maîtresse de la maison était Rosette Didier, la fille de Rosa Didier. Les gentilshommes qui venaient chez elle l'appelaient, entre eux, la Rosina.

C'était une petite femme fluette, nerveuse, ayant du sang anglais, aux cheveux très-blonds et si abondants qu'elle n'en savait que faire, et qu'ils tombaient partout, sur ses épaules, sur sa gorge, sur son dos, en boucles larges et élastiques. Elle avait les yeux bleus, était toute dépaysée en Espagne, et rêvait le séjour de Londres. Elle portait, toute la journée, une rivière en diamants avec une fort belle croix. En toute saison, elle était vêtue d'une robe de chambre de velours noir, agrémentée de passementeries qui imitaient des brandebourgs du haut en bas, et serrée à la taille par une cordelière noire. Une large collerette blanche, empesée, unie, et des manchettes pareilles, complétaient ce costume, qui lui allait à merveille, mais qu'elle n'avait adopté que par un instinct de paresse, afin de n'avoir jamais à se préoccuper du choix d'une robe, ni d'une broderie, ni d'une dentelle. Elle s'était vouée au noir pour honorer son dieu, la nonchalance.

Rosette Didier avait vingt-quatre ans. Elle était née à Paris; il y avait deux ans que sa mère lui avait fait acheter à Madrid cet hôtel qu'elle habitait et que l'on nommait l'*hôtel Ferrer*.

Voici comment la tradition expliquait le nom donné à ce vaste et sombre logis.

On sait que saint Vincent Ferrer jouissait dans toute l'Espagne, au XIVe siècle, d'une immense réputation due aux éclatants et nombreux miracles qu'il avait opérés. Ce saint homme était entré fort jeune dans l'ordre des Dominicains. Ses prodiges étaient devenus si fréquents que, pour mettre un terme aux agitations que sa renommée occasionnait parmi ses confrères, le père supérieur lui interdit à l'avenir aucun miracle. Ferrer obéit. Mais, un jour qu'il passait devant la cathédrale, un maçon, qui travaillait au clocher, se vit sur le point d'être précipité. Au moment où le pied lui manquait, il aperçut le saint sur le parvis et lui cria : Mon père, sauvez-moi ! — Vincent Ferrer lui répondit : Attends-moi, je vais en demander la permission. Le maçon resta miraculeusement suspendu en l'air ; Ferrer courut à son couvent, se jeta aux genoux de son supérieur et le supplia de lui laisser encore accomplir le salut de ce malheureux. Le supérieur hésita, dit-on, quelques minutes, tant l'observance de sa discipline lui était chère. Enfin, il s'écria : Sauve-le, mais que ce soit le dernier miracle opéré par toi ! Alors Vincent Ferrer ayant élevé son âme à Dieu, le maçon descendit tranquillement à terre, soutenu par les mains d'anges invisibles.

Si grande se maintint la gloire de Vincent Ferrer, que, deux cents ans après sa mort, l'homme riche qui construisit la maison où se passe une partie de notre histoire, voulut, pour l'édification des fidèles, faire placer sur sa façade un bas-relief en pierre représentant ce miracle du clocher, et le maçon suspendu par prodige. Un propriétaire, moins dévot au saint, avait sans doute fait enlever le bas-relief de la façade ; on ne l'y voyait plus au moment où commence ce récit, mais la maison avait continué à s'appeler l'hôtel Ferrer, et beaucoup de gens ignoraient pourquoi.

Pendant que Rosette Didier reste la tête penchée sur sa tapisserie, et que la petite servante s'empresse à dresser la table de jeu, à préparer les sorbets et les fruits, à déboucher les bouteilles de xérès, achevons de parcourir le logis. Il est bientôt huit heures du soir.

A l'extrémité du corridor, au milieu duquel s'ouvre la grande cuisine, on trouve l'escalier qui mène aux appartements du haut. Contre les murs de cet escalier, faiblement éclairé par d'étroites fenêtres, sont pendus de vieux tableaux dans le genre le plus sombre de l'école espagnole, et l'on est sûr, si on lève les yeux, de voir sortir de l'ombre, soit un bras nu et crispé tenant un scalpel, soit un lambeau d'étoffe rouge, à côté d'une tête de mort, sur laquelle se penche un front chauve soutenu par une main blême aux longs doigts osseux.

Au premier étage se trouvent deux grandes chambres, à peu près correspondantes aux deux vastes pièces du bas. La première s'appelle la *chambre des orangers*. On ne sait trop, en y entrant, ce que l'on voit, tant la décoration en est bizarre. Tout autour, sur la muraille peinte à fresque, règne un bois d'orangers dont les uns sont bas, les autres élevés et atteignant le plafond. Des personnages et des animaux divers se voient entre les troncs des arbres, dans des attitudes variées et naturelles. Au fond de la chambre est un lit à baldaquin en bois de cèdre, à rideaux de brocart vert. Les meubles, d'une antiquité très-respectable, sont, comme à l'Escurial, somptueux, mais sans grâce et déplaisants à l'œil.

La seconde de ces vastes chambres s'appelle la *chambre des cyprès*. On y voit, peint sur la muraille, tout à l'entour, un bois de cyprès. Il n'y a point de personnages ni d'animaux représentés; on ne distingue, à travers les arbres, qu'une infinité de petits monuments de marbre blanc, tous de formes et d'élévations différentes. Le lit à baldaquin est en bois de chêne, les rideaux sont de brocart blanc; le couvre-pied est de satin noir. C'est la chambre de Rosette Didier.

Le second étage est tout autrement distribué. De chaque côté d'un long et étroit corridor, sont de nombreuses petites chambres bien éclairées, meublées à la mode parisienne, toutes différentes par la couleur du meuble qui est ici de perse riante, là de laine épaisse, ailleurs de soie lourde. Dans ces chambres tout est neuf, coquet, pompadour, curieusement civilisé. Il est impossible, à qui n'a parcouru que le rez-de-chaussée et le premier étage de cette maison, de croire à l'existence de ces gracieuses cellules, tant l'idée d'hospitalité est repoussée par l'aspect froid, égoïste et majestueusement funèbre de l'entrée, des corridors et du salon.

Quand huit heures eurent fini de sonner, le marteau de la grande porte retentit. La vieille Anna Dolorès descendit lentement son escalier et alla ouvrir.

Un petit homme de tournure élégante, le visage pâle, l'air blasé, l'œil inquiet, des mèches de cheveux gris mêlées à une chevelure encore très-noire, l'habit boutonné, un manteau sous le bras, entra, traversa rapidement la cour en homme habitué, et alla sonner à la porte du second corps de logis.

La petite servante accourut, salua l'arrivant du titre de marquis, et l'introduisit. Rosette Didier, sans lever les yeux de sa tapisserie, dit au nouveau venu : — J'attends ce soir deux nouvelles amies; soyez sérieux, grand d'Espagne, silencieux et sobre comme vous êtes toujours.

— C'est bien, Rosina, répondit l'homme aux mèches grises.

— Ne m'appelez pas Rosina. Je n'aime pas ce nom. Je ne suis pas Espagnole.

Rosette Didier sortit du salon et se dirigea vers l'antique cuisine où se faisaient en ce moment, pour emprunter une expression au xviiie siècle, de grands armements de beauté.

Le marquis s'approcha de la table de jeu et se mit à mêler des cartes machinalement, pendant que la petite servante lui versait un verre de xérès.

ON ARRIVE LA NUIT

VI

Cependant Mathilde arrivait. Elle entra dans Madrid, lasse, effrayée, découragée, la tête lourde, et, elle ne savait pourquoi, le cœur lui manquait.

Elle avait prié la Vierge à Bordeaux, à Saint-Jacques et à Burgos, de la soutenir, de lui être favorable. Elle ne comprenait rien au caractère de ses compagnes. Il lui semblait que ces enfants ne priaient pas, que toutes leurs idées étaient contraires aux siennes. Durant tout le voyage, elle avait cherché leurs âmes sur leurs fronts, sur leurs lèvres, dans leurs gestes et dans leurs paroles, et ne les avait point trouvées. Elle avait frappé souvent à la porte de leurs cœurs et l'on n'avait point répondu. Elle était désorientée. Ces jeunes filles n'étaient pas des jeunes filles. Ces deux femmes maintenant l'embarrassaient. Elle ne savait comment il fallait leur parler, ni à quel point de vue elles regardaient les choses. Leurs rougeurs ni leurs pâleurs n'avaient plus de sens. Leurs sourires contredisaient leur jeunesse. Et puis, elles n'avaient pas de rire. Par où les prendre? Mathilde se demandait à elle-même si elle était une innocente, une idiote, une enfant de trois ans, et si ces enfants ou ces vieilles femmes n'avaient pas pitié d'elle.

Madame de Montdidier, prudente, n'avait pas donné le mot d'ordre, mais l'impassible

Alice, tout en ressemblant à une madone de Luini, l'avait deviné. La Florine regardait de temps en temps le visage de marbre de sa compagne comme un demi-démon vaincu regarde un démon supérieur. Elle espérait que cela n'irait pas jusqu'au bout.

Elles arrivèrent à la nuit tombante. Mathilde était anéantie. A force de fatigues, de réflexions, de doutes, de perplexités, elle ne voyait plus clair ; un nuage l'entourait.

— Où allez-vous? demanda-t-elle faiblement quand elle fut descendue de voiture.

— A l'*Hôtel Ferrer*, pour cette nuit, répondit Alice.

— Mais votre mère?...

— Demain. Elle habite hors de la ville.

— Elle ne vous attend donc pas?

— Vraiment non. Venez-vous avec nous?

A ces derniers mots, froidement et mélodieusement prononcés par Alice, la Florine avait détourné la tête pour cacher son visage bouleversé par l'étonnement ou l'effroi, la pitié ou l'indignation, ou peut-être d'autres sentiments encore. Si cette blonde fille n'avait pas ri une seule fois depuis Paris, c'était par la peur de voir s'accomplir certain projet qu'au moment du départ elle avait cru lire dans deux regards.

Elles traversèrent des rues bruyantes, puis des rues désertes, précédées d'un guide qui parlait français. Mathilde, n'ayant plus de volonté, se laissait conduire. Elle s'appuyait sur le bras d'Alice; elle avait plus de confiance en elle à cause de son air froid et réservé. La Florine, tout en marchant, mordillait ses gants et son mouchoir, et par moments haussait les épaules.

— Voilà l'*Hôtel Ferrer*, dit le guide, en soulevant le marteau de la porte d'un air narquois et confidentiel. Quand on lui eut payé sa course, il s'en alla en chantonnant.

La vieille Anna-Dolorès, armée d'une lanterne, vint ouvrir. Elle éleva sa lanterne, et elle, qui ne regardait jamais personne, elle regarda Mathilde; elle qui ne parlait jamais à personne, elle lui dit : Que Dieu vous donne de revoir votre mère! — Ma mère n'est plus, répondit Mathilde. — Alors votre père, votre mari, si vous en avez un, ce que vous aimez.

— Je vous remercie, ma bonne femme.

Mathilde lui mit quelque argent dans la main. Mais la vieille Anna Dolorès refusa, elle qui ne refusait pas d'ordinaire.

A l'extrémité de la voûte, la vieille, levant encore sa lanterne, éclaira la cour et montra du doigt aux voyageuses l'entrée du second corps de logis. La petite servante attendait sur le seuil du portique cintré.

— Je suis bien lasse, murmura Mathilde en franchissant les quatre marches.

Le vestibule était brillamment éclairé. Rosette Didier parut, avec sa robe de velours noir; elle vit Mathilde et pâlit; son regard devint terne et flottant, ses jambes tremblèrent; puis son front parut courroucé, sa bouche prit une affreuse expression de dépit. Elle fit signe à Alice de la suivre dans une antichambre dont la porte resta ouverte.

La Florine était demeurée près de Mathilde.

— Madame, dit Florine à demi-voix, vous

ne serez pas bien ici. Si vous deveniez malade... cet hôtel est bruyant, mal tenu; je vous en conjure, faites-vous conduire ailleurs... tenez, par cette servante.

— Oh! pas ce soir, du moins, murmura Mathilde, aveuglée de lassitude.

La Florine ne put en dire plus. Alice reparut furieuse, prit sa compagne par le bras, et la poussa dans l'antichambre.

Mathilde, restée seule, se laissa tomber sur un banc adossé au mur.

Alors on entendit une sorte de querelle dans l'antichambre.

— Mais je ne veux pas de cela, par exemple! Est-ce que vous prenez ma maison pour une auberge? criait Rosette Didier, de toute la force de ses poumons.

— Mais, la lettre?...

— Qu'est-ce que cela me fait, la lettre? Je suis maîtresse chez moi, je pense.

— Mais, madame Montdidier?...

— Madame Montdidier est une folle, quoiqu'elle soit ma mère. Est-ce que je pratique ces manœuvres-là?

— Rosette a raison, disait plus bas la Florine.

Au moment où Rosette Didier sortait de l'antichambre et s'avançait vers Mathilde, l'homme aux mèches grises, qui avait quitté le salon attiré par le bruit de la querelle, parut dans le vestibule. Il était en habit noir et en cravate blanche.

— Ah! vous venez à propos, lui dit Rosette Didier; conduisez cette dame à la Puerta del Sol, faites-lui donner une chambre, dites-lui qu'il n'y a pas de place ici pour elle; ces dames restent. Allez.

Tandis que Florine s'éloignait avec Rosette Didier, encore toute suffoquée de surprise et de rage, Alice glissa à l'oreille du marquis cette phrase infernale :

— Regardez-la au moins en route, et voyez si ce n'est pas pitié de mettre à la porte, à cette heure-ci, une jolie Française, de famille noble, spirituelle comme tout, qui arrive de ce soir, qui ne connaît personne à Madrid, et dont le mari est à Paris.

Mathilde n'entendit rien des éloges que

l'on faisait d'elle; sa tête devenait de plus en plus lourde; et, dans son affaissement, elle espérait vaguement qu'une de ses bonnes amies, qu'elle ne connaissait réellement pas du tout, comme on l'a vu, viendrait l'aider à gagner sa chambre, à se déshabiller et à se mettre au lit.

Comme elle dormirait !

LE JEU, LE CID, LES BELLES

VII

Il y avait, ce soir-là, dans le grand salon de l'*hôtel Ferrer*, quatre jeunes femmes portant le costume de cour du règne de Henri III. On les eût dites sorties d'un tableau du peintre Clouet; leurs robes de lourd satin, une noire, une vert émeraude, une rouge cerise, une bleu de ciel, étaient à manches bouffantes, crevées en losanges. C'était une fantaisie de Rosette Didier.

Leurs coiffures étaient des chefs-d'œuvre : elles portaient les coiffes de fil de fer, en pointe sur le front, garnies de perles pour les blondes, ornées de jais pour les brunes. Leurs sourcils étaient peints. L'éventail à miroir pendait à leur ceinture. Leurs mains effilées paraissaient de cire; leurs ongles nacrés ressemblaient à des amandes. Elles étaient assises à un peu de distance de la table afin de faire étalage de leurs jupes, et tenaient les cartes contre leur gorge.

On jouait. Autour de la table longue, recouverte d'un tapis rouge et chargée de deux candélabres dorés, pareils à ceux de la console de marbre vert, il y avait place pour douze personnes. La petite servante apportait soit des fruits, soit un sorbet, ou du xérès, à qui en demandait.

Le marquis aux mèches grises n'était pas là. Alice et la Florine portaient le costume des paysannes aragonnaises. Elles avaient les épaules découvertes et les bras nus. On parlait français. Des exclamations espagnoles jaillissaient de temps en temps, au grand mécontentement de Rosette Didier, qui trouvait cela de mauvais goût et les réprimait d'un froncement de sourcils, tout en surveillant le jeu.

Il y avait trois hommes, trois habits noirs. Des deux qui jouaient, l'un n'avait plus d'âge ; sa perruque était noire comme l'encre, frisée en tire-bouchons qui tombaient sur ses oreilles ; il s'était mis tant de rouge qu'il paraissait tatoué. Le second, maigre, blême, moustache blonde, avait trente ans quand il gagnait, soixante ans quand il perdait. A leur geste aisé on les devinait riches, un peu cosmopolites, voués au caprice effréné.

Le troisième était un importun pour cette société bizarre, parce qu'il était tout jeune, tout naïf ; parce qu'il avait une belle figure catalane, dont les femmes étaient jalouses ; enfin, parce qu'il voulait toujours chanter et que le jeu l'ennuyait.

Il était assis devant un piano de palissandre, meuble suranné, qui n'en finissait pas et dont la queue se perdait dans l'ombre.

Il se reprenait à tout instant à entonner sa chanson, en frappant sur le clavier comme un possédé, et répétait :

> A chanter je perds la raison,
> Le Maure vient, le Cid le mène.

Un des joueurs lui criait :

— Te tairas-tu, échappé de collége?

— Tout cela, pour massacrer un pauvre piano! disait la dame à la robe vert émeraude.

Le jeune homme se retournait, agitait ses longs cheveux bruns, montrait une figure imberbe, illuminée d'un sourire, haussait l'épaule et continuait d'une voix plus basse :

> Le Cid lui montre sa maison,
> Avec ses filles et Chimène.

— Où va-t-il chercher ses romances?

— Si encore il chantait du nouveau! s'écriait la robe rouge cerise.

— Mais des chansons des rues!

— Des refrains de saltimbanques, ajoutait l'homme aux tire-bouchons noirs.

Le jeune homme fit signe à la petite servante de lui apporter un sorbet, défit le nœud de sa cravate blanche, et, se tournant vers la table de jeu :

— Mais c'est la romance du Cid, ô Espagnols dégénérés! Faut-il vous retracer les principaux incidents de sa glorieuse vie? Sa fidélité pour le roi don Sanche; son refus de prêter serment à don Alphonse, l'assassin de son frère; son exil; ses victoires; sa retraite chez les Maures...

— Ce jeune homme me donne sur les nerfs, murmura Rosette Didier.

— ... Ses nouveaux exploits; le mariage et l'affront de ses filles; sa vengeance...

— L'enragé bavard! s'écria l'homme aux tire-bouchons.

— ... La gloire de sa vieillesse, les rois de l'Orient qui lui envoient des ambassadeurs et des présents; sa mort...

— Assez! assez!

— ... Son corps placé tout armé sur son

fameux cheval Babieça, et ce corps inanimé qui gagne une dernière victoire, et met en fuite les ennemis; toute l'épopée du Cid! Ouf!

— Et ce que je veux chanter, profanes, c'est la visite du Maure.

>Le Maure vient, le Cid le mène,
>Le Cid lui montre sa maison.

— Mais, mon Dieu! qu'il la chante une fois pour toutes!

— Qu'il la chante, fit le chœur.

— Et qu'on ne l'entende plus après jamais, jamais!

— Jamais, jamais, répéta le chœur.

Le jeune homme éclata de rire, vida encore un verre de xérès, puis, redevenu subitement sérieux, il commença :

>A chanter, je perds la raison.
>Le Maure vient, le Cid le mène;
>Le Cid lui montre sa maison,
>Avec ses filles et Chimène.
>
>Mais il faut qu'il parte aujourd'hui.
>Dans ma maison Dieu te ramène!
>Maure, prends ce poignard qui luit!
>Le Maure part, le Cid le mène.

Le Maure ébloui dit : Adieu!
Dans ta maison, Dieu me ramène!
Rodrigue rend grâces à Dieu,
Avec ses filles et Chimène.

— Eh bien, oui, comme on vous le disait tout à l'heure, chanson des rues! murmura le seigneur tire-bouchonné.

— Vous mentez! riposta le jeune homme.

— Cherubino mio, je vais tout à l'heure, si vous n'êtes pas sage...

Rosette Didier se jeta, pâle de fureur, entre les deux querelleurs, et apostrophant le jeune homme :

—Qu'est-ce que vous venez faire ici, vous, d'abord?

— Moi? mais je viens boire, m'amuser, faire la cour aux belles, comme tout le monde. J'ai de quoi! et, tenez, je leur donne ça pour faire joujou.

En même temps il jeta sur la table un porte-monnaie de velours, qui s'ouvrit en tombant et laissa échapper un rouleau d'or. Déjà les mains effilées, aux ongles en amandes, s'approchaient des pièces luisantes, mais

Rosette Didier rendit à Chérubin sa bourse, en lui disant :

— Tenez, vous êtes un enfant, vous m'impatientez !

— Bientôt, il viendra ici avec une guitare, cria une dame.

— Une guitare dans ma maison ! exclama Rosette. Qu'il s'en avise ; je la lui brise sur la tête, sa guitare !

Il y eut un éclat de rire général et prolongé qui fit diversion. Le jeu se ranima et se mit à flamber joyeusement pour les unes, de sinistre façon pour les autres. Le jeune homme commença à boire du xérès outre mesure.

Il était environ onze heures. Trois ou quatre jeunes hommes, sortis, sans doute, de quelque honnête et aristocratique soirée, entrèrent et se mirent au jeu. L'un d'eux demanda tout à coup la permission de faire une motion. Il annonça que c'était le lendemain la fête de Rosette Didier, et proposa à la compagnie de boire une santé en l'honneur de la dame du logis.

Ce fut un signal de compliments, de cris de joie, d'embrassades risibles, de singeries mondaines, de souhaits exagérés, de félicitations et de rires. Deux des nouveaux venus avaient le ton de Paris, dont la légèreté contrastait avec ce qui pouvait flotter d'odeur de dignité castillane dans cet antique salon.

Rosette Didier accepta tout avec le sérieux et l'air attendri d'une vieille duchesse. Elle offrit en remerciements le chocolat et le xérès à discrétion.

La petite servante mit les bouteilles débouchées sur la table, et les dames aussitôt de servir les cavaliers.

Un des derniers arrivés chanta quelques drôleries françaises, qui n'avaient guère plus d'un mois d'existence, qui sentaient furieusement le passage Choiseul, et qui plurent infiniment aux dames. Mais le chanteur faillit avoir une querelle avec le Chérubin catalan. Heureusement, Alice, auprès de qui le jeune enthousiaste était venu s'asseoir, intervint à propos et persuada à son cavalier d'oublier pour cette nuit le Cid, ses filles et Chimène.

S'il n'y avait eu que des Français, cela eût facilement tourné à l'orgie, mais la Castille était chez elle, localement parlant; elle fit les gros yeux, leva fièrement la tête, et les chants cessèrent. Le jeu continua.

Les grandes nymphes du bain de Diane sortaient à mi-corps des roseaux, et se penchaient sur les troncs des saules, pour regarder tout effarées le tapis rouge, les figures des joueurs et les épaules nues de Florine et d'Alice. Actéon en paraissait plus alarmé que des cornes de cerf nouvellement implantées sur son front par la déesse.

Quelques cerveaux s'alourdissaient par le vin, d'autres étaient surexcités par les émotions du jeu. Les quatre dames vêtues à la mode d'Henri III semblaient singulièrement favorisées par la fortune; leurs doigts effilés caressaient les petites piles d'or devant elles; certains regards étincelaient; d'autres avaient à peu près autant d'éclat que le plomb mat.

La galanterie sommeillait, bercée par le démon du jeu.

Rosette Didier tira sa montre, et avertit que le jeu cesserait dans cinq minutes.

Au bout de cinq minutes, le jeu cessa. La galanterie s'éveilla, chassa de l'air tous les petits démons de la cupidité, les remplaça par son cortége de désirs, de caprices, de sympathies et d'antipathies violentes ; l'atmosphère en fut comme renouvelée. Il y eut des changements de places, des fauteuils rapprochés, des chaises écartées, un désordre qui tendait à des arrangements particuliers. Le joueur qui tout à l'heure avait soixante ans, en eut trente. Il y eut des chuchotements, des défis, des regards persistants, des robes froissées, des dédains, des œillades, des sourires. Un autre feu flamba.

Alors une chose inattendue arriva.

Mathilde entra.

UN CAPRICE ESPAGNOL

VIII

L'homme aux mèches grises, le marquis Frederico, avait bien, selon les injonctions de Rosette Didier, conduit Mathilde à la Puerta del Sol; mais il ne lui avait pas conseillé d'y prendre une chambre.

Le marquis Frederico était un homme de

mie de pain dans toute la conduite de la vie ; il était de fer pour la satisfaction d'un caprice. Il avait passé sa plus belle jeunesse à Paris ; il y avait eu d'innombrables succès de galanterie qui lui coûtaient cher ; son libre arbitre s'y était peu à peu évaporé. D'une volonté ardente qui, jadis, s'était appliquée courageusement aux affaires publiques, à la spéculation, aux arts, et qui, comme un fleuve rapide, emportait tout, il ne restait plus, dans son cerveau, qu'un marais boueux, dans lequel les velléités de tous genres s'embourbaient.

Parfois, cependant, un caprice, comme un pieu aigu, traversait la vase, atteignait l'ancienne source, et un jet de volonté violente, mais éphémère, jaillissait. Alors, pour quelques heures, le marquis retrouvait toute sa puissance de séduction, ses raffinements de tact et d'esprit, une imperturbable assurance, le plus éclatant vernis d'honorabilité, une entraînante éloquence mondaine.

Il va sans dire que cela ne lui arrivait jamais chez Rosette Didier, où il s'abandonnaît à sa misérable volupté de ne rien vouloir, de ne rien penser, et de ne rien dire. Là, il ne jouait pas, il ne parlait, il n'écoutait même pas. Il regardait. La lueur des sourires et des bougies, le feu des regards et des diamants, le contraste de l'ombre et des scintillements, les blancheurs des épaules surnageant sur les fonds obscurs, comme l'écume sur une mer assombrie, c'était toute la vague et engourdissante occupation de son esprit.

Il se montra, de prime abord, auprès de Mathilde, d'une exquise obséquiosité. Il devina ses ennuis, sa fatigue, et la cause de son anéantissement.

Il fit si bien, que Mathilde se trouva bientôt toute rassurée, tout heureuse de la rencontre, toute réconfortée et admirant les prompts apprêts d'un repas excellent, dans le salon d'un café bien fréquenté, où le marquis l'avait conduite.

Don Frederico se nomma, fit, avec grâce, sa propre présentation, se félicita, à son tour, de l'heureuse rencontre, sans compliments exagérés, mais avec un cordial enthousiasme.

Mathilde respira. Le marquis était d'une famille qui avait été bonne, mais qui était devenue mauvaise, innocemment, par une pente douce, en se laissant aller, comme il arrive à beaucoup de familles. Il avait hérité de son père une manie singulière. Il portait toujours, dans sa poche, un petit almanach de Paris, pour l'année 1776, contenant la demeure, les noms et qualités des personnes de condition dans la ville et faubourgs de Paris, imprimé chez Didot l'aîné, rue Pavée. Il y avait eu, dans sa famille, des alliances françaises.

Mathilde s'étant nommée à son tour, le marquis eut l'occasion de montrer qu'il avait été, autrefois, au courant de beaucoup de choses dans le monde auquel elle appartenait, mais où elle n'allait plus depuis son mariage, où elle n'avait guère été avant, étant partie fort jeune pour son voyage avec M. de Peyré.

Cela fit une conversation facile et soutenue. Mathilde nommait-elle une personne, le marquis disait aussitôt l'adresse, la rue et le numéro de l'hôtel, du temps où il était à Paris ; puis c'étaient les alliances, les décès, les successions, toute une chronique rétrospective.

Mathilde, sevrée, durant son voyage, des plaisirs d'une honnête et vive causerie, ne songeait nullement à réprimer le besoin d'expansion qu'elle éprouvait en causant avec le marquis; elle voyait les mèches grises et ne voyait pas les noires. Sans vouloir médire ici des cheveux gris ou blancs, il est permis de constater que les femmes les honorent souvent d'un excès de confiance, et qu'il est arrivé à des imprudentes de s'apercevoir, trop tard, que la neige cachait un piége, pour employer le langage figuré des déclarations séniles.

Don Frederico avait été, autrefois, de la pire espèce des don Juan, de ceux qui ne résistent jamais au démon de l'imprévu ; je dis la pire espèce, car ceux-là, dans leur ivresse soudaine, vont facilement jusqu'au crime.

Nous allons voir comment une fatale parole de Mathilde réveilla, dans le marquis, un don Juan de ce genre.

D'abord, l'air souffrant et abattu de Mathilde, sa présence dans cette infâme demeure, son air de douceur et de distinction avait fait naître une idée dans l'esprit de don Frederico, et de cette idée une volonté. Cette volonté l'avait transformé, lui avait rendu, momentanément, ses qualités d'homme du monde, et, par le succès des premières avances, cette volonté n'avait fait que croître en intensité. Il voulait se faire aimer ; il le serait. C'était arrêté dans sa cervelle. C'était déjà un réveil de don juanisme, mais il n'y avait encore que la moitié du don Juan de réveillé.

La seconde, la plus terrible moitié, allait aussi ressusciter.

Mathilde ne s'expliquait pas bien pourquoi elle s'était séparée de ses compagnes de voyage. Au milieu de l'extrême abattement physique et moral où elle s'était trouvée dans le vestibule de l'hôtel Ferrer, elle

n'avait pu que se laisser faire. Au moment
où le marquis l'avait priée d'accepter son
bras, elle ne pouvait penser aux autres; elle
ne pensait pas à elle-même; elle oubliait
qu'elle avait besoin de nourriture; elle avait
fait le trajet, jusqu'à la Puerta del Sol, machinalement, n'ayant pas même la force de
désirer un lit. Les paroles affectueuses du
marquis l'ayant, peu à peu, rendue à elle-
même, elle avait pu s'apercevoir, en reve-
nant à elle, qu'elle se mourait de faim.

Tout en causant gaiement avec le marquis, Mathilde se rappelait les dernières paroles de mademoiselle Florine : elle lui
avait dit que cet hôtel était bruyant; elle
avait ajouté mal tenu : si ces jeunes filles
allaient y passer une mauvaise nuit! ne devait-elle pas répondre d'elles à leur mère, à
l'amie de madame de Montdidier? Mathilde
conclut qu'elle avait été égoïste, qu'elle
n'aurait pas dû se séparer de ces enfants,
que son devoir était de rester près d'elles,
au risque de passer la nuit sur un fauteuil.

Si l'on s'étonne que Mathilde, même au milieu de son abattement, n'ait pas vu que sa place n'était pas où étaient mesdemoiselles Alice et Florine, que l'on fasse réflexion d'abord qu'elle se trouvait en pays étranger où tout a droit de surprendre, où rien ne doit ressembler à ce que l'on imaginait chez soi ; que l'on pense ensuite au rôle de sensible et cordiale honnêteté joué par madame Montdidier avec un talent si remarquable ; que l'on réfléchisse enfin que Mathilde était tout innocence, qu'elle n'avait jamais traversé Paris que les yeux baissés ; que, pour faire comprendre le vice à cette âme d'une blancheur intacte, il eût fallu autant d'efforts que pour faire comprendre les couleurs à un aveugle-né ; car elle ne soupçonnait rien. Elle trouvait les jeunes amies de madame de Montdidier mal élevées, voilà tout. Elle s'affligeait que leur éducation eût été mal faite, et elle plaignait ces pauvres âmes de n'être pas plus nourries de douceur chrétienne, de manquer d'abandon et de naïveté. Pas davantage. Le lis ne connaît pas la boue ;

quand il fait connaissance avec elle, c'est que sa tige est brisée ; il est mort.

La nuit s'avançait. Devant cette délicate beauté française, toute faite de grâce aisée, d'esprit modeste, de candeur aimable, le marquis sentait des frissons nerveux. Il n'avait pas la prétention de la fasciner ; il en était lui-même ébloui ; il la désirait si secrètement que rien ne s'en apercevait sur ses traits ni dans ses yeux.

Mathilde parut avoir pris avec elle-même une résolution.

Elle s'excusa de demander au marquis un nouveau service, de réclamer encore le secours de son bras. Elle était résolue à rejoindre ses jeunes compagnes de voyage. Elle était inquiète d'elles. C'était son devoir de coucher sous le même toit qu'elles.

— Mais, madame, il est bien tard. Rassurez-vous sur le sort de vos protégées, vous les reverrez demain, répondit le marquis d'une voix altérée. Ses doigts tremblaient.

— Est-ce que vous me conseilleriez, monsieur, de livrer au hasard un dépôt confié?

Ce ne serait pas d'un galant homme. Une femme peut avoir sa probité aussi.

Onze heures sonnèrent.

Le démon de l'imprévu, démon nocturne et fiévreux, se précipita sur l'homme aux mèches grises, le saisit par les cheveux, et la seconde moitié de l'ancien don Juan se réveilla dans la poitrine de cet homme. Faire respirer à cette fleur intacte un air impur; voir la figure que feraient les autres; jouir d'un horrible contraste; trouver, peut-être, des facilités inespérées, telle fut la lâche, stupide et criminelle conception que les dernières paroles de Mathilde firent naître dans l'esprit de cet insensé. C'est la punition de ces vieilles victimes du plaisir de retourner hâtivement à l'enfance, après avoir passé par des fantaisies de Chérubin dépravé. Comme une effronterie de page sied bien à ces cheveux blancs!

Pour toute réponse, don Frederico offrit à Mathilde son bras tremblant.

Que notre lecteur, notre lectrice surtout, nous permette de protester, ici, que ce n'est pas pour le vain plaisir de rencontrer des scènes inquiétantes que nous suivons cette histoire dans tous ses détails. En essayant de la raconter, nous avons pris, avec nous-même, l'engagement de n'en rien taire. Nous nous résignons à porter la peine de notre témérité, s'il n'apparaît pas, à la fin de ce récit, que son but est la glorification, par la souffrance, du plus impénétrable sentiment féminin ; nous nous condamnons à tous les regrets, si, archer inhabile, nous manquons le but.

Un coup de vent balaya, dans le salon Ferrer, l'orgueil et le contentement du vice épanoui, lorsque Mathilde entra. Elle portait sa robe de voyage montante et de couleur sombre. Ce démon d'Alice, au cœur de glace, vint au devant d'elle et la fit asseoir sur un fauteuil, auprès de la grande console de marbre vert sur laquelle étaient posés les candélabres dorés. La flamme des bougies se baissait sous le vent qui soufflait de la porte. Don Frederico, qui venait de contracter un tic nerveux en passant le seuil, se tenait debout derrière le fauteuil, et sa figure pâle grimaçait horriblement malgré lui. Rosette Didier était restée pétrifiée au milieu de son salon.

Les paroles, les rires, les gestes, furent suspendus et interrompus. Les femmes, les unes blémissant, les autres, le front rouge comme le feu sous leur blanc de perle, les bras pendants, la bouche ouverte, devinrent affreuses; tout parut horrible dans ce salon; les hommes restèrent immobiles, l'air hébété. Le jeune Catalan, seul, se leva par une sorte de respect instinctif et retomba aussitôt sur son fauteuil, alourdi par l'ivresse; la Florine détourna la tête, des larmes jaillirent de ses yeux. Elle aurait voulu cacher ses épaules et ses bras.

Mathilde, sentant qu'elle avait oublié ses devoirs de politesse en revoyant Alice, se leva et fit un salut à Rosette Didier. Elle ne trouva rien à dire, et la robe de velours noir lui parut sinistre.

Une immense gêne comprimait tous les cerveaux. Le silence était un supplice pour tous ceux qui étaient là. Mathilde, toute réveillée, toute réconfortée et remise de ses fatigues, serrait une main d'Alice dans les deux siennes.

— Qu'est-ce que tout ce monde déguisé? demanda-t-elle à voix basse.

Alice répondit : — C'est une mascarade. C'est la mode ici pour certaines soirées, à quelque époque de l'année que l'on se trouve.

— C'est étrange. Appelez votre amie, qui ne m'a pas reconnue, paraît-il.

Alice fit signe à Florine. Mathilde se trouva ainsi, selon son désir, entre les deux jeunes amies de madame de Montdidier, s'entretenant tout bas avec elles, ne donnant aucune attention à ce qui se passait autour d'elle et qui lui semblait un rêve, un rêve triste au milieu duquel les épaules et les bras nus d'Alice et de Florine n'étaient pas ce qu'il y avait de moins inexplicable.

Rosette Didier, les lèvres serrées, l'œil courroucé, fit signe au marquis de lui parler à part :

— Vous me faites l'effet, lui dit-elle à l'oreille, de vouloir me faire avoir des difficultés avec la justice. Mais je vous en préviens, s'il m'arrive malheur, je saignerai à blanc votre bourse, votre puissance et le crédit de vos amis. Vous paierez pour madame Montdidier, qui est une vieille folle, et qui veut me faire faire des infamies.

Rosette Didier, laissant don Frederico grimaçant, inquiet, secrètement dévoré par sa fantaisie criminelle, s'approcha d'un homme à l'habit bleu boutonné jusqu'au menton, d'une taille herculéenne, qui venait de se glisser dans le salon; elle lui dit tout bas :

— J'ai une affreuse migraine. Je me retire. Veillez à ce que tout soit éteint à minuit, et à ce que le marquis sorte et emmène cette dame. Je n'ai jamais vu un fou comme ce vieux dégoûté de tout, quand il s'y met. Il nous fera quelque mauvaise affaire. Bonsoir.

Rosette Didier sortit du salon, et cette digne fille de madame Montdidier se retira dans sa chambre, qui était, comme nous l'avons vu, *la chambre des cyprès.*

Le salon se vida lentement. Dans cette

grande salle dont l'air sembla purifié par la présence de Mathilde, présence étrange! il ne resta bientôt que cinq personnages. Un grand peintre pourrait seul rendre l'aspect de ce lieu, le jeu des physionomies, dramatique et plein de contrastes, pendant les scènes qui suivent.

Le jeune Catalan, par un caprice de son ivresse changeante, s'était remis au piano. Il entrait dans la phase mélancolique de l'ivresse et plaquait de sourds accords, se tenant dans le mineur, et cherchant dans son souvenir ou son imagination quelque chanson lugubre. La Florine était maintenant seule près de Mathilde ; elle était assise sur une chaise basse, presque à ses genoux, elle n'osait la regarder, et ses mains tremblaient dans celles de l'honnête femme.

— Je trouve tout ce monde fort étrange, disait Mathilde. Mais tous les pays ne peuvent se ressembler. Je suis heureuse de vous avoir autour de moi. Demain nous nous mettrons en campagne, vous pour revoir votre mère, moi pour faire mes affaires.

La Florine ne pouvait que répondre : Oui, madame. Elle voyait avec une sorte de terreur la nuit avancée, Alice s'entretenant avec le marquis, à quelques pas derrière elle, la porte de cet hôtel fermée. Mais elle se jurait à elle-même de ne pas quitter Mathilde de toute la nuit. Le jour venu, elle la ferait sortir, et personne ne l'empêcherait de lui dire où elle était.

Le Catalan avait fini par se rappeler le prologue d'un vieux drame de Don Santo Rabby, où la Mort fait un personnage, et il chantait en improvisant :

> Je suis la Mort pour tout le monde,
> Qui n'attends pas le repentir ;
> Ma faux n'entend pas si l'on gronde,
> Je vous force tous à partir.

— Gracieuse, adorable, adorable ! répétait tout haut le marquis, dont la folie amoureuse marchait vers la fureur. Sa pâleur et les contractions précipitées de son visage épouvantaient Alice elle-même.

Alice ricanait à l'oreille de don Frederico :
— Vous auriez le Pérou à offrir que cela ne

vous avancerait à rien, vieux Gastibelza. Vous n'avez donc jamais vu une honnête femme, que vous en avez le cerveau détraqué? Vous avez une idée absurde, qui n'aboutira à rien, à moins de...

Le Catalan trouva deux nouveaux vers qu'il chanta avec un accent terrible.

> Là-bas, tu les vois, ces deux filles,
> Riant de mes tristes chansons.

— Oui, la moitié de ma fortune... soupira piteusement don Frederico.

— J'ai une idée, offrez-lui du chocolat, lui souffla Alice.

Alice disparut. Dans quel coin de ce logis déshonoré trouva-t-elle un petit flacon ciselé, portant une étiquette de pharmacie? L'avait-elle emporté dans son nécessaire de voyage? Etait-ce un remède qu'elle employait contre quelque affection nerveuse? c'est ce que nous ne saurions dire. Mais lorsqu'elle reparut dans le salon, suivie de la petite servante apportant le chocolat demandé par le marquis, elle tenait ce flacon mystérieux dans la main.

Le Catalan continuait :

> Je n'ai qu'à tirer leurs mantilles,
> Et d'ici nous nous en irons.

Alice versa et présenta elle-même à Mathilde le chocolat, et vint s'asseoir auprès d'elle. Le marquis allait et venait dans le salon. Au bout de quelques minutes, Mathilde sentit ses paupières s'appesantir; elle passa la main sur son front :

— Eh bien! dit-elle à Alice, en faisant effort pour se tenir éveillée, c'est demain que vous reverrez votre mère. Etes-vous contente?

— Ma mère est morte il y a longtemps, fit Alice avec un ricanement.

— Votre mère est morte... Comment! Mais pourtant madame de Montdidier me disait...

Mathilde tomba tout à coup dans un sommeil profond.

— Qu'est-ce que vous lui avez donc fait

prendre? C'est horrible! s'écria la Florine en se levant de sa chaise.

— J'aime l'horrible! la vertu m'agace, répondit l'impassible Alice.

Don Frederico, bouche béante, contemplait la scène, accoudé au piano près du Chérubin qui chantait :

> Vous voudriez fuir de mes bras,
> Mes deux belles, mes fiancées.
> Enfants, cela ne se peut pas,
> Demain vous serez trépassées.

— Silence! il est minuit. Je vais éteindre, dit en entrant l'homme à l'habit bleu boutonné.

C'était une espèce de géant anglais, aux cheveux blonds crépus. Il vit Mathilde endormie et fit de vains efforts pour la réveiller.

— C'est bien, nous expliquerons cela demain, dit-il d'un air courroucé. Il enleva Mathilde dans ses bras. En passant la porte avec son fardeau, il regarda le marquis de travers et lui dit d'un air significatif : — Allez-vous-en.

L'homme à l'habit bleu monta le sombre

8.

escalier, suivi de Florine. Le marquis les accompagnait à pas silencieux, car le géant inspirait une sorte de terreur. Après avoir vu l'homme entrer avec son fardeau dans la *chambre des orangers*, le marquis descendit. Le géant déposa Mathilde sur le lit à baldaquin de brocart vert, puis, voyant les soins dont Florine entourait Mathilde, l'intérêt qu'elle semblait lui porter, il convint avec elle qu'en quittant la chambre elle retirerait la clef de la porte.

La Florine n'était pas une méchante fille.

Elle était la septième enfant d'un menuisier de l'île Saint-Louis, qui avait épousé, étant fort jeune, une servante attachée au service d'une famille anglaise, laquelle habitait un des hôtels les plus délabrés de l'île. Cette servante avait été amenée, tout enfant, de Gibraltar à Paris. On la croyait purement anglaise; mais sa mère, une paysanne du comté de Norfolk, l'avait eue d'un officier de la marine espagnole. En sorte que le menuisier ignora toujours que ses enfants eussent du sang andalou dans les veines. C'était Florine qui en avait le plus, malgré ses cheveux blonds et sa cordialité toute parisienne.

Tous les enfants de cet homme étaient d'une affreuse laideur, garçons et filles, tous plus ou moins borgnes, contrefaits, bossus, rachitiques. Florine seule était jolie. Enfant, elle était d'une humeur gaie, douce et bonne. Naturellement, le père, devenu veuf, la préféra aux autres. Eh bien! il arriva qu'un soir, Florine, qui avait quinze ans, ne revint pas. Comment? pourquoi? Le pourquoi en pareille occasion, les malheureux pères, à Paris, le devinent aisément. Celui-là avait élevé sa fille chrétiennement. Ce devait être la faute de quelqu'un et non celle de sa fille. Hélas! cette réflexion ne suffisait pas à le consoler.

Maintenant la Florine, après avoir dégrafé la robe de Mathilde pour qu'elle ne fût point gênée dans son sommeil, s'était assise dans un fauteuil au pied du lit; elle regardait dormir cette honnête femme, avec un sourire vague et triste.

Elle se mettait à la place de cette pauvre

dame noble endormie, et, comme si elle eût été Mathilde elle-même, tous les sentiments de pudeur se mettaient à frémir en elle. Ou bien, elle lui enviait sa blanche robe d'honnêteté, comme une pauvre enfant déguenillée des rues envie les souliers de satin blanc de la petite communiante qui passe. C'était une estime, une admiration, une amitié qui naissait dans le cœur de la Florine. Elle vit sur le visage blanc et rose de Mathilde que l'unique richesse de la femme est l'honneur de son corps, le secret de ses beautés connu d'un seul homme. Elle pensa qu'elle avait gaspillé sa propre richesse. Les bras croisés, elle mit son menton dans sa main et pleura.

Madame de Montdidier lui avait fait entrevoir qu'elle connaîtrait des ducs, des ambassadeurs, voire même des princes. C'était par la vanité que Florine s'était laissé mener, elle n'était pas née vicieuse. Elle adora tout à coup dans une autre ce qu'elle avait brûlé en elle.

Elle posa sur le lit une main de Mathilde qui pendait en dehors. Elle se leva sans bruit, s'approcha et regarda longtemps l'endormie. Son cœur battait. Elle se dit, avec un soupir qu'elle comprima au passage, avec un sourire épanoui comme dans une extase, que cette honnête créature serait peut-être son amie pour toujours. Elle n'osa pas l'embrasser au front, elle écarta un des bandeaux de Mathilde, et de ses lèvres effleura les cheveux de l'endormie.

Puis, elle se jugea indigne de contempler plus longtemps ce sommeil, elle craignit que sa présence dans cette chambre n'y attirât les mauvais rêves. Elle alla, sur la pointe des pieds, ouvrir la porte, prit son fauteuil à deux mains, le posa en dehors, sur le palier, referma la porte et s'assit. Elle était à peine là d'une minute, qu'elle entendit quelqu'un monter, à pas muets, l'escalier. Un homme se présenta devant elle, c'était le marquis.

— Qu'est-ce que vous voulez? dit Florine, en appuyant son fauteuil contre la porte. Le marquis lui mit cinq pièces d'or dans la main. Florine posa les pièces d'or par terre, et les repoussa du pied.

—Eh bien, alors, écoute-moi, dit le marquis en l'attirant vers l'autre côté du palier.

Le marquis connaissait les êtres de l'hôtel. Il y avait là, en face de la *chambre des orangers*, un petit cabinet inoccupé. La porte de ce cabinet était ouverte; il y poussa Florine dans l'obscurité, tira la porte à lui, et mit la clef dans sa poche. Florine ne se sentit pas la force de crier; une grande pesanteur engourdit tout à coup son cerveau; elle se laissa tomber sur une chaise.

Le pas lourd du géant, qui faisait sa ronde, retentit dans l'escalier du second étage. Il avait peut-être entendu le bruit des pièces d'or chassées par le pied de Florine. Il venait voir. Le marquis redescendit à pas de loup, traversa le vestibule du rez-de-chaussée, ouvrit et referma bruyamment la porte de la cour pour faire croire à sa sortie, et aperçut sous la voûte de la grande porte le Catalan, qui faisait enrager la vieille Anna Dolorès. Tantôt il lui chantait à voix basse avec une mimique terrible :

Vous voudriez fuir de mes bras,
O mes belles, mes fiancées.

Tantôt il lui donnait des conseils interminables sur la conduite à suivre pour éviter les piéges des séducteurs.

Le marquis, appuyé contre un des arbres morts de la cour, laissa passer dix minutes, et puis rentra par la porte cintrée. Aucun bruit dans la maison ; sans doute le géant s'était couché. Le marquis remonta l'escalier, tâta la porte de la *chambre des orangers*. La clef n'y était pas. Florine avait eu l'adresse de la retirer au moment où le marquis l'attirait vers l'autre côté du palier. Le marquis rentra dans le cabinet, prêt à renouveler et augmenter ses offres, à supplier, à menacer s'il le fallait.

Par un raffinement de précaution infernale, Alice avait aussi mêlé du narcotique au chocolat servi par elle à Florine. La dose ayant été moins forte que celle donnée à Mathilde, l'effet en avait été moins prompt. Florine dormait profondément sur la chaise où elle s'était laissée tomber. La clef de la *chambre des orangers* était dans la poche de son petit tablier de paysanne aragonnaise. On pouvait la prendre.

En ce moment on entendit du côté de la rue la voix du Catalan, qui poursuivait encore de sa chanson lugubre la vieille Anna, remontée dans ses ruines. Il chantait à tue-tête devant la morne façade aux lucarnes étroites :

> Enfants, cela ne se peut pas;
> Demain vous serez trépassées.

LA CHAMBRE DES ORANGERS

IX

Si c'est une femme qui nous lit, nous la prions de passer ce chapitre, à moins qu'elle ne daigne nous gratifier d'une pleine indulgence, et qu'elle ne renonce à juger sévèrement le narrateur. Nous avions cela à dire avant de pénétrer en profane dans le bois sacré des plus secrètes impressions féminines, où le cours de ce récit nous a conduit fatalement.

Quand les premières blanches lueurs du jour pénétrèrent dans la chambre par les fentes étroites des persiennes fermées, Mathilde ouvrit les yeux. En voyant autour d'elle ces murailles peintes étrangement et cet ameublement antique, elle crut que son rêve continuait.

Elle avait rêvé qu'elle s'était endormie en plein jour, étant en voyage, sur un talus de gazon, sous un berceau d'arbustes en fleurs, dans un jardin des îles d'Hyères.

C'était comme un souvenir de l'Eden, et la première femme n'avait pas dû goûter un repos plus doux sous les bosquets nouvellement créés. Mathilde remontait petit à petit et délicieusement dans le souvenir de son rêve. Mais quoi! déjà avec crainte? Tout à coup elle porta la main à ses cheveux, elle pâlit et jeta un regard sur elle-même. Il lui sembla qu'à un moment de son rêve, toutes les joies naïves de l'épousée dans le Cantique des Cantiques avaient chanté dans son cœur. Ce ne fut pas sans une légère honte instinctive qu'elle pensa avoir trouvé sous ce berceau de fleurs un autre contentement que celui du repos. Mathilde sourit innocemment. Toutes les pensées de son mari l'accompagnaient, et il était évident que son ombre chère avait traversé son sommeil. Eve n'était donc pas seule dans le jardin du rêve? Non! Jules était là.

Il y a toujours des inquiétudes dans la joie; il y a des côtés réels, dans les songes, qui effraient. En continuant à errer involontairement dans son rêve, Mathilde crut s'apercevoir que la pensée de son mari n'avait pas visité la sienne; il lui parut qu'il y avait dans ce qu'elle avait éprouvé quelque chose qui était en dehors d'eux, et qui était au-dessus ou au-dessous des joies qu'ils s'étaient données l'un à l'autre. Elle se perdait dans son étonnement. Elle ressentit une tristesse subite et comme un remords de son premier contentement.

Elle se leva à demi et regarda de nouveau

autour d'elle. — On a bien raison de dire, pensa-t-elle, que l'on ne s'endort et que l'on ne s'éveille bien que chez soi. Où suis-je donc? Quelle bizarre fantaisie de vouloir qu'une chambre à coucher ressemble à un bois! Car ce mur n'a pas la prétention de représenter un jardin? Tout cela est sombre, touffu et sauvage. On dirait d'un vieux décor de théâtre. Je n'aime pas ces imaginations-là. C'est si simple et si convenable un petit papier perse, rose ou bleu, avec les rideaux assortis! — Le jour envahissait de plus en plus la grande chambre. Mathilde distingua vaguement les animaux peints entre les troncs des arbres. Décidément, c'est affreux! se dit-elle; si je ne me sentais si bien éveillée, je croirais que le cauchemar m'étouffe!

En descendant du lit, Mathilde mit le pied sur un petit objet très-dur, qui lui fit mal. Elle le ramassa. C'était un bouton de manchettes composé d'une mosaïque cerclée d'or.

Que le lecteur nous permette d'emprunter ici une comparaison à la tradition classique.

Lorsqu'une biche des grandes forêts est venue, pour se désaltérer, au bord d'un petit étang peu connu des chasseurs, si elle entend tout à coup, de très-loin, les aboiements des chiens, le galop des chevaux, les cris des piqueurs, elle cesse de boire, elle lève la tête, la tourne du côté d'où vient ce bruit, et reste immobile, l'œil dilaté, l'oreille attentive, interrogeant l'espace. Ainsi Mathilde, assise sur le bord du lit, interrogeait cette fatale et mystérieuse mosaïque qui représentait les ruines du temple d'Agrigente. On y voyait deux colonnes encore debout, un pâtre assis sur un fragment de chapiteau, et la campagne tout autour. Mais ce n'était pas à ce paysage que Mathilde pensait.

—Ceci n'est pas à moi, dit-elle tout haut et machinalement. En levant les yeux, elle vit sur la table, devant elle, de l'or. On perd aisément un bouton de manchettes; il est bien extraordinaire que l'on oublie de l'or sur une table. Elle prit sa bourse et compta son argent. —Ce n'est pas à moi, dit-elle encore. En songeant toujours confusément, elle se rappela qu'un sommeil subit l'avait accablée dans ce grand salon. Elle ne savait pas comment elle était montée dans cette chambre. Elle alla ouvrir la porte; la clef était à la serrure. Elle revint s'asseoir sur son lit. Tout à coup une rougeur de feu envahit son visage, et atteignit la racine de ses cheveux. Un éclair d'indignation, éblouissant comme l'épée de l'archange au seuil du paradis, brilla dans ses yeux; elle détourna la tête avec le geste de repousser quelqu'un. Elle se mit à se rhabiller, ragrafant sa robe avec frénésie pour cacher ses épaules, ses bras, son cou. Elle aurait voulu cacher ses mains, se couvrir des pieds à la tête d'un voile affreux. La seule supposition de ce qui était vrai la bouleversait ainsi.

Elle ressentait un accablement douloureux. Elle alla s'asseoir sur un fauteuil, bien loin du lit. Elle voyait un précipice à ses pieds, au fond duquel étaient peut-être sa dignité et l'orgueil de sa blancheur. Elle était comme si on venait de lui annoncer qu'un vol énorme venait d'être commis, que la moitié d'une ville venait d'être incendiée. Elle eut encore cette pensée, qu'un malheur irréparable et tel que, s'il le savait, il en mourrait sur-le-champ de désespoir, venait d'arriver à son mari.

Son rêve maintenant la plongeait dans une stupeur horrible.

Mais ce ne devait être qu'un rêve! Dans sa colère contre cette incertitude, ce soupçon, cette crainte qui subitement l'avait foudroyée comme une certitude, elle dégrafait sa robe, et regardait sa poitrine, comme une folle. Elle dit d'un air égaré: Non, c'est impossible, Jules, ta femme n'est pas déshonorée à ce point! En disant ces mots, elle appuyait ses ongles sur sa poitrine, et dans un mouvement de rage elle s'égratigna jusqu'au sang.

En ce moment Florine entra. La clef sur la porte, les traits bouleversés de Mathilde la mirent au fait. Elle la regarda avec terreur. Mathilde composa rapidement son visage; elle redevint de marbre, se leva comme poussée par un ressort et se montra vingt fois plus hautaine d'attitude qu'elle n'était d'ordinaire.

— Nous allons sortir, dit-elle tranquillement.

Une colère sourde, une indignation désintéressée mais furieuse contre les êtres qui avaient trompé sa vigilance, bouillonnaient dans le cœur de Florine.

Elle s'approcha de Mathilde qui venait de mettre son chapeau, lui prit la main et, voyant ses lèvres décolorées qui tremblaient :

— Chère dame, lui dit-elle, qu'avez-vous ?

— Rien, répondit Mathilde. J'ai eu un sommeil lourd, qui m'a fatiguée, j'ai fait un rêve. Venez.

— Vous oubliez... là... dit la Florine en montrant l'or qui était sur la table.

— Ce n'est pas à moi.

— Ce n'est pas à vous ? à qui donc ?... Mais vous disiez ?...

— Que j'ai fait un rêve.

— Un rêve ? Non, c'est une infamie ! cria Florine hors d'elle-même. Et si quelqu'un était là, si j'avais un poignard dans la main, je le tuerais !

Une colère d'enfant du peuple, d'enfant de Paris, une fureur mêlée d'indignation, de pitié généreuse, de désir de vengeance, bouleversa le cœur de Florine, quand elle vit ces pièces d'or. Elle perdait la tête ; elle éclata en pleurs, en sanglots, en cris. Elle disait au milieu de ces sanglots : Ma chère dame ! vous si bonne, si bien élevée, si respectable ! Elle criait en serrant les poings : Oh ! les misérables ! Elle ajoutait avec des ruisseaux de larmes : C'est ma faute aussi ! Moi pourtant qui vous aimais tant !

— Taisez-vous, disait Mathilde, lui mettant la main sur la bouche, craignant que ces cris ne fussent entendus, et que sa honte, dont elle était sûre à présent et tout envahie, n'eût des témoins.

— Oh ! les infâmes ! criait la Florine. Elle était aux genoux de Mathilde, plongeant sa tête dans sa robe. Elle dit en quelques mots rapides, dans un discours foudroyant, qui elle était, qui était Alice, ce qu'elles étaient venues faire, où elles étaient, ce qui s'était passé la veille entre elles et le marquis.

Mathilde tremblait de tout son corps, mais son visage était de marbre.

— Vous êtes folle, répondait-elle, ne sachant plus si elle vivait.

— Non, non, je ne suis pas folle, répétait Florine, avec des hoquets, des gémissements prolongés et des secousses nerveuses.

Mathilde, en chrétienne, oublia sa propre infortune. La douleur extraordinaire de cette jeune fille, douleur qui prouvait une affection immense, l'émut, la transporta. Elle la releva et la prit dans ses bras.

Ce mouvement, ce témoignage d'affectueuse reconnaissance, fut trop fort pour le cœur de Florine. Elle ne put le supporter. Son corps se raidit tout d'un coup dans un spasme, elle devint blême, et pourtant il semblait, à voir ses traits, qu'elle savourait le bonheur d'être appuyée sur le bras de Mathilde. Etrange et subite passion, née du contraste et de l'admiration!

Mathilde la porta et l'appuya sur le bord du lit.

— Mon Dieu ! disait-elle, revenez à vous.

Florine n'était pas évanouie. Toutes ses forces étaient seulement suspendues, ses yeux étaient fermés, ses lèvres entr'ouvertes.

— Revenez à vous, disait Mathilde, je vous en conjure.

— Non, ou bien, balbutièrent les lèvres pâles de Florine, ou bien em... embrassez-moi. Je reviendrai.

Mathilde l'embrassa. Florine, lui passant le bras autour du cou, la serra sur son cœur à l'étouffer. Elle fut longtemps à l'embrasser, et balbutiait à son oreille, la tête encore perdue :

— Ma... Mathilde... mon amie...

Alors ce fut un torrent de larmes qu'elle versa et qui achevèrent de dégonfler son cœur.

Lorsque Mathilde la vit apaisée, elle la prit par la main et l'entraîna vers la porte.

— Viens, lui dit-elle, allons-nous-en d'ici.

Il semblait à Mathilde, dans son désespoir, que, telle qu'elle était maintenant, elle pouvait et devait tutoyer Florine.

LES FUREURS DE MARIANNE

X

Au lieu de descendre l'escalier, Mathilde marcha devant elle, et, tenant toujours Florine par la main, elle pénétra dans une longue galerie couverte, établie au-dessus d'un des hangars de la cour, et qui reliait entre eux les deux corps de logis, à la hauteur du premier étage.

A l'extrémité de cette galerie était le palier de ce vieil escalier à rampe de bois dont nous avons parlé. Là commençaient les ruines, l'abandon ; des entassements de meubles tombant en poussière, d'objets sans forme et sans nom qui ne paraissaient plus bons qu'à nourrir la flamme d'un incendie. Là régnaient visiblement les araignées, et invisiblement les souris et les rats; les châssis des fenêtres donnant sur la cour menaçaient de tomber sur la toiture du hangar. A ces fenêtres, de vieilles jalousies, dont le temps et la pluie avaient pourri la corde, tombaient d'un seul côté, en éventail. Des cadres retournés, des fragments d'ornements de cuivre doré et de bois sculpté, gisaient dans ce corridor, et annonçaient que les appartements d'où on les avait tirés étaient dans un état de délabrement plus grand encore et plus menaçant.

Mathilde vit, devant elle, une porte qui ne tenait plus que par miracle, et, l'ayant tirée à elle avec précaution, elle aperçut une grande salle obscure qui ne contenait, pour tout ameublement, qu'un grand bahut noir, trois chaises, et une table de chêne. Auprès de cette table était une vieille femme, toute courbée, qui filait au rouet. Sa chevelure, qui sortait en broussailles de son bonnet de linge, était à peu près de la couleur de sa quenouille. La pauvre vieille Anna Dolorès n'était pas d'humeur rancunière, puisqu'elle chantait, tout en filant, la chanson du Catalan, qui l'avait fait tant enrager, cette nuit même, avec cette même chanson :

> Enfants, cela ne se peut pas,
> Demain vous serez trépassées.

Mathilde toussa légèrement. La vieille leva sa petite tête tremblante, et montra sa figure ridée comme une pomme en avril.

— Entrez, mes enfants, dit-elle d'une voix chevrotante. Puis elle avança péniblement les deux lourdes chaises, invitant Mathilde et Florine à s'asseoir.

— D'où diable! sortez-vous? dit-elle après un moment de silence. Ah! je comprends. Le bal aura duré plus longtemps que d'ordinaire. Vous êtes bien fatiguées, mes petites reines, et vous voudriez regagner vos palais pour dormir jusqu'à midi. Mais je ne puis vous ouvrir la porte avant huit heures. Vous ne le saviez donc pas? C'est l'ordre. Moi-même je devrais dormir à l'heure qu'il est. Mais je n'ai pu fermer les yeux. Il y a un jeune homme (il était bien un peu ivre, je crois, mais très-aimable), qui m'a chanté, cette nuit, une chanson qui m'a plu. A force de vouloir me rappeler cet air, j'ai chassé le sommeil de ma cervelle, j'ai retrouvé, peu à peu, la chanson; et voilà que je la sais maintenant, et je la chante tout en faisant marcher mon rouet.

> Vous voudriez fuir de mes bras,
> Mes deux belles, mes fiancées.

Mathilde, les bras pendants, la joue maculée de rougeurs, la bouche ouverte, se complaisait vaguement dans l'horreur que lui inspirait cette vieille femme, qui lui semblait plus effrontée que la Mort.

— Comment pouvez-vous chanter ici? murmura-t-elle.

Florine était secrètement exaspérée par la sérénité d'âme de ce débris de créature, par cette naïveté de langage qui, dans la portière d'un tel lieu, lui semblait le comble de l'impudence. Nouvellement convertie à la pudeur, la Florine avait, dans son mépris, tout l'emportement des néophytes :

— Vous n'avez donc pas peur de l'enfer, vieille chienne? lui dit-elle.

Anna Dolorès ne parut pas s'émouvoir beaucoup.

— Là, là, mes petites chattes, comme vous me traitez! Je vois que vous ne me connaissez pas. Mais j'ai la conscience nette comme un louis tout neuf, moi. Je ne crains pas le Jugement, je suis bien tranquille. Il n'en est pas de même de vous, à ce que je crois voir. Vous êtes un peu en état de péché mortel, n'est-ce pas? Voyons, confiez-moi ça. Il faut que je prêche la plus coupable de vous deux. Examinons. Ce n'est pas vous, continua la vieille en s'adressant à Florine, vous n'avez pas l'air assez abattu pour ça, et puis vous criez trop fort. La plus coupable, c'est votre amie, j'en suis sûre.

La vieille quitta son rouet et approcha sa chaise de celle de Mathilde, qui la laissa bavarder, tandis que Florine allait et venait dans la grande salle, de plus en plus indignée contre la vieille hypocrite.

— Écoutez, mon enfant, dit Anna Dolorès. Je devine tout, moi. Ce n'est pas difficile, à mon âge. Vous n'êtes pas de ce pays-ci, vous êtes Françaises ; moi aussi, je suis Française. Vous avez suivi quelqu'un que vous aimiez, vous avez voyagé. Vous avez vu le beau monde. On donne des bals, ici, on s'amuse ; on danse, bien tard, toute la nuit, sans faire grand mal, que je crois, dans la maison du fond, et je soupçonne qu'il y vient des gens de tous les pays. Eh bien ! vous vous serez fiée à un cavalier qui en aura trouvé une autre plus à son goût, ce soir, et qui sera parti sans vous en prévenir. Qui sait? ce sera peut-être mon petit chanteur. Et vous pensez en vous-même, maintenant, que vous avez péché.

— Qu'est-ce que vous lui parlez de péché? taisez-vous, vieille folle, cria Florine.

— Je sais ce que je dis, et elle se trouvera bien de m'avoir écoutée, répondit la vieille Anna, très-peu émue de ces injures. Elle continua :

— Écoutez, mon enfant, ce n'est pas ici comme en France; on a pitié des femmes égarées. Si vous étiez depuis longtemps à Madrid, vous auriez déjà rencontré, la nuit, des hommes qui vont quêtant par les rues, les places et les promenades, tenant une lanterne d'une main et une aumônière dans l'autre. Ce sont *les confrères du péché mortel*. Sur leur lanterne et sur leur aumônière, regardez bien, vous verrez, gravée, l'ancre de salut. Laissez-vous conduire dans leur maison; on vous y recevra bien, croyez-moi. On ne vous demandera ni votre nom, ni celui de l'homme qui vous a séduite ; là vous trouverez amour, charité, dévouement, bons exemples, on n'exigera rien en retour ; et quand ce petit cœur sera purifié, on vous donnera un bon certificat de repentance qui ne sera contesté par personne. C'est bien simple, vous voyez. Personne n'aura su qui vous êtes, dans cette maison, ni d'où vous venez. Votre certificat portera votre signalement, et ces douces paroles : Les frères supplient le père et la mère du porteur de ne point oublier que Dieu a pardonné à leur enfant, et qu'elle est digne de pitié et de consolation. — Qui oserait être plus exigeant que Dieu? Voilà tout, mon enfant. Vous me répondrez que vous êtes Française, et que cela est bon pour l'Espagne. Eh bien, est-ce que ce n'est pas le même Dieu partout? Portez votre certificat en France. Il n'y a pas, là, de *maison du péché mortel*. Mais vous en ferez peut-être venir la mode. Est-ce entendu ? je vous y conduirai.

— Mais je n'ai pas péché! répondit Mathilde avec un sourire vague et triste.

— Quand elle vous dit qu'elle n'a pas péché, vieille archi-folle, cria Florine. Mais tenez, j'en ai assez de vos hypocrisies, et je vais vous dire votre fait, à la fin.

Florine, par égard pour Mathilde, prit la vieille à part, l'attira dans un coin de la grande salle, et, voulant lui faire honte de son métier, lui dit tout ce qu'elle avait sur le cœur contre la maison du fond et ses habitants. Florine montrait le poing, ses paroles sifflaient, sa bouche écumait. La vieille fut d'abord abasourdie. Mais bientôt elle leva la tête aussi haut que son épine dorsale le lui permettait, et ce fut au tour de Florine à être étonnée des paroles, des gestes, de la colère de la vieille Anna Dolorès.

— Ah! les gueux! les misérables! vociféra la vieille. Moi, Marianne-Julie Cloot, femme Temnenk, de Dunkerque! me faire ouvrir la porte à des... ah! les infâmes. Êtes-vous bien sûre de ce que vous dites?

— Sûre comme d'être en vie, répondit la Florine.

La vieille Anna se précipita sur une malle qui fut bientôt ouverte, elle courut au vieux bahut, l'ouvrit, en tira des hardes qu'elle entassait pêle-mêle dans la malle, les robes d'indienne, les vieux châles, les souliers, les cornettes, les tabliers de grosse toile, le linge, les peignes et les brosses. Et elle criait tout en manœuvrant :

— Ah! les sauvages! est-ce que je savais ce que c'était que cette maison! Je m'appelle Marianne Cloot, moi, femme Temnenk, Pierre-François Temnenk, de Dunkerque, capitaine du navire *l'Espérance*. On a bien connu ça, *l'Espérance*. C'était son navire. Ah! les impudiques! me faire servir des... V'là mon histoire : Jacques Tiedens, un brave homme qui a été à Islande, me dit un jour sur le port : — Le bruit court que votre mari est malade à Lisbonne. —Voilà que j'allume un cierge à l'église, je laisse mes enfants et je m'embarque. Mon pauvre homme a été longtemps à mourir. A la fin je n'avais plus d'argent; mes enfants ne pouvaient guère m'en envoyer. Je me suis mise au service d'un homme bien comme il faut qui m'a amenée ici, et j'y suis restée. Un de mes fils, qui est pêcheur, demeure maintenant près de Saint-Sébastien. Il y a trente ans que je suis ici. Mon premier maître m'avait dit : —Tu ouvriras la porte, c'est tout ce que tu as à faire. Et, depuis, la maison a changé de propriétaire, sans que l'on m'ait jamais dérangée. Est-ce que je pouvais croire que le diable aurait fini par l'acheter, cette maison ? Je vous le jure, sur l'âme de feu Temnenk, je ne sais seulement pas le nom de cette... qui est là au fond. Vite, vite, allons, en route, décampons !

Pendant tout ce discours, où la petite vieille furibonde se montrait sous un jour si inattendu de Florine, Mathilde avait pris le rouet et s'était mise à filer. Elle avait été tout attendrie par l'idée de cette maison de refuge dont la vieille Anna lui avait parlé. Mais elle pensait, hélas ! qu'elle n'avait pas à se repentir, que ce qui lui manquait maintenant ne pouvait se racheter par aucune pénitence, que cela était plus terrible, plus irréparable qu'une faute. Elle pleurait silencieusement en tournant le rouet.

Florine dit, en peu de mots, ce qui était arrivé à Mathilde. Anna Dolorès montra les deux poings à la fenêtre qui donnait sur la cour, puis elle dit à Mathilde :

— Vous savez donc manier cela?

Mathilde répondit comme dans un rêve :

— Oui, une vieille servante m'apprit à filer quand j'étais enfant, chez ma tante, à Passy, vous savez, près de Paris.

— Allons, allons, dehors! dit la vieille Dolorès. Elle prit son rouet sous le bras, une canne sur laquelle elle s'appuyait, et pria Mathilde et Florine de se charger de la malle qui, à la vérité, n'était pas lourde.

Les trois femmes allaient descendre le grand escalier vermoulu, lorsque Florine, s'arrêtant tout à coup, après avoir jeté un regard de compassion sur Mathilde, saisit le bras de la vieille Dolorès, et lui dit à l'oreille :

— Voulez-vous que nous la vengions, nous deux ?

— Oui, répondit la vieille, avec un mouvement de tête rapide et un coup d'œil passionné.

— Eh bien, restons. J'en fais mon affaire. Dans deux jours, la nuit venue, nous déguerpirons d'ici, ajouta vivement Florine.

Mathilde agissait machinalement. On voulait partir, elle partait; maintenant, on restait, elle resta. Elle se remit à filer au rouet, pendant que Florine, assise dans le coin le plus obscur de la chambre, méditait profondément, l'œil fixe, les bras croisés, la poitrine agitée, et qu'Anna Dolorès ôtait un matelas de sa couche pour donner son lit aux deux étrangères.

ÉCRIRE A SON MARI

X

Le lendemain matin, tandis que Florine était sortie, d'abord pour déposer à l'Amirauté une demande d'audience, et puis, dans un autre but que nous connaîtrons plus tard, Mathilde se résigna à accomplir un acte devant lequel elle reculait avec terreur.

Écrire à son mari! Elle frémissait à l'idée qu'elle ne pouvait plus lui ouvrir son cœur qu'à moitié. Il y avait quelque chose qu'elle ne pouvait pas lui dire. Peut-être Jules s'apercevrait-il que toute la pensée de Mathilde n'était pas dans sa lettre. Peut-être l'instinct de l'amour lui ferait-il deviner, ici une hésitation, là un regret, ailleurs, une honte! Si l'arrangement des mots, l'écriture, le papier même, allaient trahir les larmes, les soupirs, les rougeurs, les pâleurs de Mathilde, si, en lisant, il allait s'écrier :
— Elle me cache quelque chose! Dix fois Mathilde reprit la plume, que ces idées lui rendaient plus lourde qu'un sceptre de plomb, et que ses doigts laissaient tomber malgré elle. Elle mettait la tête dans ses mains et pleurait. Enfin elle fit sur elle-même un effort surhumain, et, désenchantée à jamais, pleine de désespoir, comme on se jette dans un gouffre, elle se précipita dans son premier mensonge. Il le fallait. Il faudrait bien se résigner, plus tard, à une plus douloureuse tromperie, lorsque son

mari la recevrait dans ses bras; car, avec l'être aimé, se disait-elle, c'est mentir que de laisser croire ce qui n'est pas. Enfin elle écrivit :

« Vers toi, mon Jules bien-aimé, vont mes pensées de chaque minute. Tu le sais, qu'ai-je besoin de te l'écrire? Tu es prêt à me jurer cent fois que tu es de même pour moi, et que ta pensée me suivra dans mon voyage, ta pensée sereine, tranquille, joyeuse, aspirant au bonheur du retour; car je ne me consolerais pas d'être, pour toi, la cause de l'ombre d'une crainte ou d'une inquiétude. Tu sais ta femme courageuse et prudente, n'est-ce pas, mon tendre ami? Tu sais que nulle frayeur ne peut entrer dans mon âme, que mon corps ne peut sentir aucune fatigue quand il s'agit de conquérir notre commune fortune. Et d'ailleurs, quelle fatigue pourrait-on ressentir quand on voyage si commodément et si vite? De quoi s'effraierait-on quand, partout, la civilisation monte la garde, l'arme au bras. Il n'y a plus de rançon à payer aux bandits, et les douaniers sont la crème des honnêtes gens. De ce que j'ai emporté avec moi, il ne manque pas une épingle. C'est à croire que l'idée du vol a disparu de la terre. Conçoit-on, à présent, une âme assez féroce pour s'introduire, la nuit, dans un logis fermé, et dérober le bien d'autrui? Non, cela ne se conçoit plus. Ou bien, peut-on se faire encore à l'idée d'une troupe d'hommes affreux se réunissant pour attaquer de malheureux voyageurs entassés dans une diligence? Non, tout cela est devenu, aujourd'hui, d'une invraisemblance ridicule. Tu souris, peut-être, de mon optimisme, et tu te dis que je voyage, non en Espagne, mais dans le royaume d'Utopie. Il est vrai que je ne crois à aucun danger. Mais sois fier, mon Jules, c'est mon amour qui m'a rendue intrépide. Si tu savais comme je me suis longtemps connue une pauvre fille peureuse; comme tout me faisait trembler; comme quelqu'un, n'importe qui, ouvrant la bouche seulement, me faisait frémir; comme un regard me faisait rougir, comme un autre me faisait pâlir aussitôt après;

comme j'étais une feuille au vent; comme
mon cœur avait tantôt froid, tantôt chaud,
coup sur coup! Je ne te l'ai pas dit, mais il
faut que tu le saches, mon bien-aimé, si Dieu
ne t'avait pas mis au monde, s'il n'avait pris
soin de nous faire monter dans le même navire, si sa tempête terrible n'avait détruit
ce vaisseau en faisant périr des êtres, hélas!
si chers et si regrettés, si tout cela n'était
arrivé, mademoiselle de Tournan aurait été,
pour l'éternité, mademoiselle de Tournan.
Mais Dieu ne l'a pas voulu; d'un malheur
effroyable est sorti, pour nous, le bonheur.
Tu as paru, tu as calmé mon cœur douloureusement agité; avec ton amour, le repos
est entré dans mon âme; il ne l'abandon-
nera plus. Calme, loin de toi! heureuse!
puis-je l'être? oui, cher bien-aimé. Chrétienne, j'ai la foi et l'espérance, la foi dans
notre amour inaltérable, l'espérance dans
la réussite de mes tentatives et la réalisation de nos rêves. Oh! mon ami! le repos
dans l'amour, la confiance, la certitude de
s'aimer, d'être dignes l'un de l'autre, d'être

acceptés l'un par l'autre, tout entiers, tels que Dieu nous fit, de se donner sans cesse, à tout instant, avec une joie égale, pure, sans nuages, Jules, ce bonheur n'est-il pas le nôtre pour toujours? Écris-moi, mon cher mari, que ton cœur est tranquille et plein d'espérance, comme le mien. Je baiserai mille fois la divine lettre qui m'apportera cette bonne nouvelle.

« Baisers sur baisers,

« MATHILDE. »

Quand elle eut achevé de signer, Mathilde mit la tête dans ses mains et pleura avec des sanglots. Cette lettre était un faux. Elle serait morte plutôt que de la relire. Son cerveau l'avait improvisée pendant que son cœur, las de gémir, se taisait. Elle mentait en affirmant, voyageuse éprouvée, qu'il n'y avait plus de voleurs. Elle mentait encore en vantant le repos de son cœur.

FLORINE VENGERESSE

XII

Florine, dans cette journée, n'avait pas perdu son temps. Elle était allée d'abord à l'Amirauté, puis elle avait acheté un poignard à manche de nacre, à lame triangulaire et très-aiguë; enfin elle s'était fait indiquer la demeure d'un voiturier, voisin de l'hôtel Ferrer, dont elle avait retenu les services pour le lendemain, lui recommandant d'être prêt dès le point du jour, et d'attendre qu'on vînt l'avertir. De plus, elle avait loué un commissionnaire qu'elle avait chargé d'aller réclamer à Rosette Didier le bagage de Mathilde et le sien. Le commissionnaire, après avoir feint de sortir de l'hôtel, avait déposé ces malles dans la chambre de la vieille Anna; de sorte que l'on croyait dans la maison du fond que Mathilde et Florine étaient parties. Rosette Didier n'en était pas fâchée, ni Alice, qui craignait que l'attentat du marquis n'eût des suites funestes.

Le lendemain, Mathilde prit Florine à part, et lui dit en tremblant :

— Ce que je vais te dire va te paraître bien extraordinaire, et sans doute bien insensé. Je ne puis t'expliquer d'avance mon projet, mais tu assisteras à l'entrevue, et alors tu comprendras pourquoi je l'ai désirée.

— Une entrevue ! s'écria Florine, et avec qui ?

— Avec cet homme, répondit Mathilde d'une voix sourde.

Florine cacha un frémissement de surprise et de joie. Son projet, depuis la veille, était arrêté dans son esprit. Elle en voyait maintenant la réalisation possible et immédiate.

— Cela suffit, répondit-elle, tu le verras aujourd'hui même.

— Non, non, je ne le verrai pas, répliqua Mathilde; mais je lui parlerai, c'est tout ce que je veux.

Le marquis venait presque tous les jours, après son déjeuner, à l'hôtel Ferrer, fumer quelques cigares, prendre des liqueurs et causer avec Rosette, en attendant l'heure du dîner. L'hôtel était dans un quartier écarté, on y pouvait entrer pendant le jour, sans craindre d'être vu, à moins que l'on ne fût suivi. D'ailleurs le marquis se mettait au-dessus de toute opinion et de tout blâme.

Il fut convenu que la vieille Anna Dolorès inviterait le marquis à monter dans le premier corps de logis, sous le prétexte de lui faire voir un vieux tableau qu'elle dirait avoir découvert dans le grenier de l'hôtel.

On ferait entrer le marquis dans un petit salon attenant à la salle qui servait de chambre à coucher à Dolorès. La vieille, qui savait de quoi il s'agissait, attendrait un signal derrière la porte. Quant à Florine, elle devait se tenir derrière la tapisserie en lambeaux qui cachait l'autre porte du petit salon.

Mathilde ignorait absolument ce qui se complotait. Qui oserait dire comment elle eût agi, si elle avait pu le deviner?

A trois heures de l'après-midi, le marteau de la grande porte retentit. La vieille alla ouvrir, c'était le marquis. Anna Dolorès lui parla du tableau.

— Il y a donc un logis là-haut? dit-il tout surpris.

— Sans doute, répondit la vieille, puisque j'y demeure.

— Et tu dis que tu y as trouvé une peinture? c'est peut-être un Vélasquez, qui sait? j'irai voir, j'entre un moment au fond. Descends quand tu me verras sortir, tu me guideras dans ces ruines, où les rats doivent faire un beau vacarme la nuit.

— C'est entendu, seigneur, répondit la vieille. Puis elle remonta pour avertir Florine.

Quand Mathilde apprit que le marquis allait venir, elle rougit extrêmement, et un frisson lui passa sur le corps. Mais elle avait ses raisons intimes pour vouloir cette entrevue, et elle prit courage.

— Aide-moi, dit-elle à Florine.

L'unique fenêtre de ce petit salon n'avait pas de rideaux. Mathilde prit dans sa malle un châle de crêpe noir. Elle s'approcha de la fenêtre, monta sur une chaise, et dit à Florine d'en faire autant. Elles attachèrent avec des épingles de chaque côté le long châle qui, en retombant, voila la fenêtre aux trois quarts et répandit dans le salon un peu plus d'obscurité.

Puis, Mathilde poussa contre le mur du fond la table ronde qui occupait le milieu de la salle; elle s'assit et s'accouda à cette table, tournant le dos à la fenêtre ainsi qu'à la porte d'entrée.

— Attends, dit-elle à Florine, qui allait avertir le marquis.

Mathilde ne se trouvait pas assez cachée. Elle jeta sur ses épaules une grande pèlerine qui couvrait sa taille; à l'aide de longues épingles, elle fixa à ses cheveux une voilette épaisse qui retombait sur son visage, et dont elle pouvait se faire un masque, en en réunissant avec la main les deux bouts sous son menton.

Quand elle eut repris sa position, elle dit à Florine :

— Fais entrer cet homme.

Le marquis parut sur le seuil. De là il ne pouvait rien distinguer dans le salon.

— Approchez, lui dit Florine. Elle le força de s'arrêter à quatre pas de la table. Alors, le marquis aperçut devant lui une forme sombre, qui pouvait ressembler à une femme assise, le dos tourné.

Florine s'approcha de la table.

— Est-ce bien lui? demanda Mathilde à voix basse.

— Oui, c'est lui, répondit Florine.

Puis, Florine fit semblant de se retirer, alla vers la porte de côté qui donnait dans un autre salon, et resta derrière la tapisserie.

Il y eut un silence de deux minutes, dont le marquis était fort troublé.

Enfin, Mathilde, toujours accoudée du bras gauche et le front dans la main, avança derrière elle sa main droite qui tenait un petit crucifix en cuivre que la vieille Anna Dolorès lui avait prêté.

Elle poussa un long soupir, parut hésiter douloureusement et prononça ces mots d'une voix tremblante :

— Jurez-moi sur ce crucifix que vous m'avez aimée.

Florine, dans son cœur de femme, se rappelant l'or trouvé sur la table dans la chambre des orangers, comprit la pensée de Mathilde. Florine, la convertie, admira cette sublime délicatesse de dignité féminine. Mais elle sentit en même temps son cœur se fondre de pitié pour Mathilde, et elle ne put s'empêcher de pleurer.

Le marquis ne comprit pas. Il fit un pas vers la chaise de Mathilde, et répondit :

— Je vous jure que je vous aime encore !

Il y eut un mouvement derrière la tapisserie : c'était la Florine qui, indignée de cette réponse qu'elle appelait une effronterie, avait tiré son poignard de la gaîne.

Mathilde reprit :

— Ce n'est pas cela que je vous demande.

Elle soupira. Sa voilette, qu'elle serrait contre sa bouche, l'étouffait tout autant que sa honte. Elle dit :

— Je répète : Jurez-moi que vous m'avez aimée.

Le marquis, à la fin, comprit. Le sens presque inexprimable de ce serment demandé pénétra jusqu'à son âme engourdie par le vice. Cette simple demande d'une demi-réparation pour une injure irréparable le toucha, l'émut extraordinairement. Il tomba à genoux, mit le bout de ses doigts sur le petit crucifix, et répondit : Je le jure.

— Ce n'est pas vrai, mon Dieu ! pensa Mathilde, mais il l'a juré !

Elle reprit :

— Jurez-moi que vous ne chercherez jamais à me voir, que vous ne mettrez jamais le pied à Paris, où je pourrais vous rencontrer. C'est là que je demeure... avec mon mari.

Elle prononça les derniers mots si bas que le marquis ne les entendit pas.

Le marquis hésita longemps à prononcer ce dernier serment. Il réfléchissait d'un côté qu'il se faisait vieux, qu'il n'était pas probable que la fantaisie le prît à son âge d'aller à Paris pour son plaisir ; quant à des affaires, il y avait longtemps qu'il n'en avait plus. D'un autre côté, le mystère de cette scène réveillait sa passion; au contraire de ce qu'il eût fallu, un désir immense de revoir le visage de Mathilde l'aiguillonnait.

Il répondit cependant :

— Je le jure.

— Retirez-vous, dit Mathilde.

Au lieu de se relever, don Frederico se traîna à genoux jusqu'à la chaise de Mathilde. Déjà il touchait sa robe, il balbutiait :

— Je le jure... Mais... une fois seulement revoir votre visage... et puis...

La Florine écarta la tapisserie en poussant un cri. C'était le signal. Don Frederico se releva. La vieille Anna accourut derrière lui, saisit ses deux poignets et les enferma rapidement dans un nœud coulant. Avant que cette opération fût terminée, Florine avait frappé au cœur. Un jet de sang jaillit, et le marquis tomba sans avoir proféré un mot.

Mathilde se retourna épouvantée au bruit de ce corps.

— Frappe-le donc aussi, lui dit Florine, en lui mettant le poignard dans la main. Frappe-le, et tu n'y penseras plus après.

— Tu crois? dit Mathilde, égarée et blême.

— Frappe, frappe.

Mathilde prit le poignard, se pencha sur le mort, et légèrement appuya la pointe du poignard sur l'épaule, puis elle s'évanouit.

La vieille Dolorès poussait de véritables rugissements de joie. Elle était horrible à voir.

— Calmez-vous et allez vite prévenir le voiturier d'être ici aussitôt qu'il fera nuit, lui dit Florine.

Mathilde revint promptement à elle, et en reprenant connaissance, elle poussa un soupir d'allégement qui mit des larmes de joie dans les yeux de la Florine.

LE COFFRE

XIII

La vengeance accomplie, il s'agissait d'en détruire toutes traces. La vieille Anna ouvrit un avis qui fut adopté. Elle avait dans sa chambre un grand coffre vide qui ne lui servait à rien, qu'elle avait même été sur le point d'oublier, deux jours auparavant, lorsque, dans son indignation, elle voulait quitter l'hôtel sur-le-champ.

C'était un coffre très-long, tout garni de fer, qui ne semblait avoir été fabriqué ni en Espagne, ni en France, et du reste fort détérioré. Un des fils de la vieille, Temnenk l'aîné, qui s'était fixé à Saint-Sébastien, l'avait envoyé à sa mère, rempli de toiles de Flandre qu'il avait achetées à son dernier voyage à Dunkerque.

Ce Temnenk faisait sans doute un peu de contrebande, mais cela n'importe nullement à notre récit.

— Soit, dit Florine à la vieille. Mettons-le là-dedans ; il y tiendra parfaitement. Nous trouverons bien moyen, pendant le voyage, en traversant les montagnes, la nuit, tandis que le voiturier et Mathilde dormiront, d'aller jeter le coffre et tout dans quelque précipice. Il est inutile de dire à Mathilde que nous voyageons avec cela.

— Comme vous voudrez, répondit Dolorès.

Ainsi fut fait. Le voiturier arriva sitôt la

nuit venue, et l'on partit au trot de quatre mules, sans que les habitants du second corps de logis eussent rien entendu.

On voyageait forcément à petites journées. Le grand coffre, la malle de la vieille Anna, celles de Florine et de Mathilde, étaient solidement attachés sur l'impériale du véhicule, qui était une sorte de petite diligence mise au rebut et achetée d'occasion par le voiturier. Les trois femmes semblaient s'être donné le mot pour ne parler ni de Madrid, ni de l'hôtel Ferrer, ni de rien de ce qui pouvait leur rappeler la terrible exécution. Toutes trois, tacitement, étaient surtout d'accord pour hâter le plus possible leur éloignement de la capitale de l'Espagne.

Mathilde, à qui tout ce qui s'était passé depuis son départ de Paris semblait un rêve, n'avait plus que faiblement conscience d'elle-même, et se souvenait à peine du motif qui lui avait fait quitter son mari et sa tante.

Elle regardait Florine et la vieille Anna d'un air effaré, s'étonnant de leurs paroles, de leurs gestes, de leur présence, et se demandant si ces deux créatures féminines étaient des réalités ou des fantômes de son imagination.

A la fin de la seconde journée, seulement, elle commença à avoir quelques idées nettes. Elle se rappela le naufrage, sa pauvreté, son mariage, et enfin le but de son voyage. Elle pensa alors qu'elle mourrait plutôt que de retourner à Madrid; qu'il fallait pourtant rapporter à son mari une réponse quelconque. Elle appliqua tout ce qui lui restait de volonté à se promettre à elle-même que, aussitôt son arrivée à Saint-Sébastien, elle écrirait à l'ami de Jules, qu'elle attendrait là sa réponse. Elle chargerait M. Peyronnet d'aller à l'Amirauté; elle lui demanderait le secret sur cette lettre, le priant en outre d'écrire à Jules qu'elle avait logé dans sa maison et commencé avec lui les démarches nécessaires.

Ces projets de mensonge la faisaient cruellement souffrir; mais c'était une nécessité à laquelle elle ne pouvait songer à se soustraire.

Après avoir reçu la réponse de M. Peyronnet à Saint-Sébastien, elle s'embarquerait avec Florine et la vieille Anna pour le Havre, aimant mieux se confier à la mer, où elle avait failli trouver la mort, que de refaire, par terre, le voyage qu'elle avait fait en compagnie d'Alice.

Voilà sur quelles pensées Mathilde s'endormit, après la seconde journée, dans une chambre de l'auberge écartée où le voiturier avait été forcé de faire halte.

Les voyageurs se trouvaient en ce moment au milieu d'un des plus sombres et des plus solitaires paysages de la Castille-Vieille. Le lieu avait paru propice à Florine et à la vieille Dolorès, et, sur la fin du jour, elles avaient échangé des regards pour se dire qu'il était prudent de se séparer, sans plus attendre, de la dépouille du marquis.

L'auberge était située au haut d'une côte, à l'entrée d'un plateau qui, d'un côté, aboutissait immédiatement à des précipices. Les deux femmes avaient remarqué, en gravissant la côte, le bruit d'un torrent sur leur droite. Il devait passer au bas du plateau. Ce serait une tombe sûre pour don Frederico.

A minuit, quand il leur sembla que tout ce qui respirait sous le toit de l'auberge devait être enseveli dans les profondeurs du premier sommeil, elles descendirent à pas de loup. Il faisait un beau clair de lune. C'était une nuit à souhait pour le succès de leur entreprise.

La voiture avait été remisée dans un hangar, au fond de la cour intérieure de l'auberge. Au fond de ce hangar se trouvait une petite porte qui, sans doute, donnait sur un chemin, lequel ne pouvait manquer de longer une rampe à pic sur le cours d'eau. Prendre deux échelles, dénouer les cordes, descendre le coffre, ce n'était pas une mince affaire pour des femmes; mais la crainte d'être surprises, et de passer pour criminelles quand elles n'avaient voulu être que des sœurs vengeresses, l'effroi plus grand encore de compromettre Mathilde, quintuplèrent leurs forces. Elles rivalisèrent de sang-froid, d'adresse et de puissance musculaire.

La porte du hangar fermait en dedans. Florine tira un verrou. La porte s'ouvrit. Elles virent, à vingt pas devant elles, à la clarté de la lune, un espace sombre. Elles entendirent un mugissement lointain. C'était le torrent. Elles se retinrent pour ne pas pousser un cri de joie, en voyant leur besogne à ce point simplifiée. En un instant elles furent au bord du précipice. La vieille Anna se mit à plat ventre contre terre, pendant que Florine dénouait les ficelles qui entouraient le coffre et qui auraient pu, dans la chute, le retenir aux aspérités du rocher. L'expertise de la vieille fut bonne. L'eau devait être rapide, profonde, et, sans nul doute, le rocher était à pic. D'ailleurs, qui viendrait si loin reconnaître le marquis Frederico?

Florine poussait déjà le coffre vers l'abîme. La vieille Anna réfléchissait en regardant les ferrures du coffre, dont quelques parties reluisaient au clair de lune.

— Est-ce bien nécessaire de perdre un si

beau coffre? dit la vieille Anna en regardant Florine, qui ne put réprimer un mouvement d'horreur à l'idée de le voir ouvert. De quoi avez-vous donc peur? Il est bien mort, ajouta la vieille Anna, et je ne crois pas qu'il mérite une aussi belle enveloppe. Je vais l'ôter de là. Détournez les yeux, si vous tremblez.

En disant ces mots, la vieille tira deux clefs de sa poche, en essaya une, qui n'allait pas, puis l'autre. Le coffre s'ouvrit. Florine, à genoux, cachait sa tête dans ses mains.

— C'est fait, dit la vieille quelques secondes après.

Puis elle fit quelques pas le long du précipice, ramassa deux ou trois lourdes pierres qu'elle apporta soigneusement dans le coffre, le referma, et mit la clef dans sa poche. Le reprendre, le reporter, par la petite porte du hangar, jusqu'à la voiture, le hisser sur l'impériale, renouer les cordes, remettre les échelles en place, ce fut une affaire bientôt faite. Après quoi, Florine et la vieille remontèrent dans leur chambre, qui n'était séparée de celle donnée à Mathilde que par une très-mince cloison.

— Certainement, perdre un si beau coffre, c'eût été grand dommage, dit tout haut la vieille Anna, en se remettant au lit.

Mathilde, qui sommeillait seulement, entendit cette phrase et s'éveilla en sursaut.

Mais elle n'entendit plus rien, et ne vit que la face blanche de la lune aux carreaux de la fenêtre. Elle ne pensait plus à avoir peur. La faculté même de s'effrayer était paralysée en elle.

Elle se rendormit aussitôt.

ARRIVÉE A SAINT-SÉBASTIEN

XIV

Le lendemain et les jours suivants que dura le voyage, Mathilde ne comprit rien à la physionomie, à l'attitude, aux demi-mots de Florine et de la vieille. Voilà qu'à présent elles étaient joyeuses; elles semblaient se féliciter mutuellement du regard; parfois même elles se serraient la main, poussaient un soupir et murmuraient : C'est fait! Quel bonheur! — Mathilde ne savait ce que cela voulait dire.

Quand on approcha de Saint-Sébastien, la vieille Anna se mit à bavarder d'une manière tout à fait étrange. Elle racontait des histoires de sa jeunesse, parlait abondamment de son défunt mari, de ses noces, de ses enfants, et surtout de son fils aîné, Jacques Temnenk, qui avait pris domicile près de Saint-Sébastien et qu'elle allait revoir.

Ce Jacques avait toujours été un singulier garçon, rêveur, bizarre et pas du tout *comme les autres*. Tout enfant, il avait l'habitude de flâner de longues heures sur le port, à Dunkerque, et quand on l'allait chercher pour dîner ou pour souper, on le trouvait assis sur quelque gros câble, occupé à contempler, comme un idiot, les marchandises que l'on était en train de débarquer. Les meubles de luxe, les précieux envois de l'Inde et de la Chine, les lingots d'or, d'argent ou de cuivre, avaient surtout l'avantage de captiver son attention.

Il restait là, ébloui par la vue de ces objets, et fasciné comme si les portefaix avaient étalé sur le quai des monceaux de pierreries. Son père lui disait : « Que fais-tu là, paresseux, tandis que la soupe refroidit? » Et Jacques Temnenk répondait : « Père, je rêve la richesse! » A quoi le père répliquait : « Si tu rêves toujours, mon garçon, tu ne seras jamais riche! » Puis il le prenait doucement par la main, et le ramenait au logis.

— C'était au point, ajoutait la vieille Anna, que j'ai eu souvent l'idée que ce garçon tournerait mal, et qu'à force de se laisser éblouir par l'or et les belles marchandises, il finirait par en voler. Mais, grâce à Dieu, il s'est guéri de cette maladie. Le voilà honnêtement marié et établi à Saint-Sébastien, où le hasard l'a conduit, et où il exerce bravement son métier de pêcheur.

Toutes ces histoires avaient pour résultat de distraire Mathilde, et elle se voyait, sans trop de terreur, approcher de cette côte qui lui avait été si fatale. L'attention qu'elle donnait au bavardage de la vieille Anna l'empêchait de penser à la nuit du 15 octobre, à la terrible tempête et à la mort de M. de Peyré. Elle écoutait, bouche béante, ce que disait la vieille, et elle s'informait du caractère et de la vie de Jacques, comme si ce pauvre diable de pêcheur devait avoir sur sa propre destinée une influence décisive. Florine, heureuse de voir Mathilde sortir peu à peu de son atonie, accablait Anna Dolorès d'interrogations ; et le voiturier, en fouettant ses mules, avait l'œil sur la route et l'oreille aux discours de la vieille.

Enfin, lorsqu'on arriva, Jacques Temnenk, grâce aux récits de sa mère, était pour nos voyageuses une véritable légende. On était à Saint-Sébastien, on allait donc le voir, ce personnage extraordinaire.

Après un bon dîner à l'auberge, auquel le voiturier prit part, on se fit indiquer la maison de Jacques, qui, en sa qualité d'étranger, était fort connu des pêcheurs et des gens du port. Quand on sut que ce Flamand habitait, avec sa femme et ses enfants, une maison très-proprette et assez vaste, on s'y fit conduire avec tous les bagages, sans en excepter le grand coffre. Le voiturier s'en retourna à l'auberge, après avoir été grassement payé; et, le lendemain, il se remit en route pour Madrid.

La vieille Anna n'avait point menti, son fils était un singulier personnage. Pour parler vulgairement, il avait l'air d'un ours qui médite un crime.

Il parut, néanmoins, enchanté de revoir sa vieille mère. Il pleura même en l'embrassant. Mais, aussitôt après l'avoir embrassée, il prit sa femme par le bras, l'emmena dans leur chambre à coucher, et lui dit d'un air épouvanté :

— Pourquoi ces femmes viennent-elles nous troubler? Voilà bien des regards autour de nous! Je n'aime pas cela.

— Il faut bien te résigner à les recevoir et à les loger, puisque se sont des amies de la vieille, répondit la femme; et nous ne pouvons dire que nous n'avons pas de chambres à leur donner, on voit bien que la maison est grande. Résigne-toi !

Jacques se résigna d'autant mieux qu'il apprit bientôt que Mathilde et Florine s'embarqueraient sur le premier navire en partance pour le nord de la France, et il y en avait un justement qui partait pour le Havre à la fin de la semaine suivante.

Personne n'avait remarqué l'effroi qui s'était peint sur la figure du pêcheur au moment où le voiturier faisait glisser sur l'échelle le grand coffre de la vieille Anna.

Temnenk, en l'apercevant, avait pâli. Il s'était hâté de faire porter les malles dans les chambres du premier étage. Quant au coffre, il l'avait lui-même chargé sur son épaule et l'avait emporté au grenier, où il l'avait caché derrière un débris de cloison, sous de vieux filets de rebut.

Du reste, Jacques était un bon cœur, et les voyageuses reçurent sous son toit une hospitalité vraiment homérique, eu égard aux ressources que la maison et la fortune de l'hôte et de l'hôtesse pouvaient offrir.

Mathilde, à peine arrivée, avait écrit à M. Peyronnet, en lui envoyant une lettre pour son mari, et le priant de mettre cette lettre à la poste, à Madrid.

L'ami de Jules André répondit, dans une première lettre, qu'il allait se hâter de faire la demande à l'Amirauté, et promit à Mathilde de ne jamais dire à son mari qu'il n'avait pas eu l'honneur de la recevoir ni le plaisir de lui montrer les curiosités de la capitale de l'Espagne. Mathilde n'espérait rien, du reste, des démarches de M. Peyronnet. Elle se disait que son voyage avait été maudit du sort, et qu'il n'en résulterait rien de bon en aucune façon.

En se promenant sur la plage avec Florine, en revoyant les rochers battus par la vague, les rochers horribles sur lesquels le navire avait été jeté, qui avaient causé la mort de tant de passagers, la mort de son oncle, sa ruine et celle de Jules André ; en racontant à Florine les détails du naufrage, le premier soir de leur arrivée, elle s'était évanouie.

Elle ne sortait donc de la stupeur que lui

avaient causée l'attentat et le meurtre du marquis, que pour tomber dans une tristesse réfléchie, profonde, dans un désespoir sans limites.

En vain Florine cherchait à la distraire et à la consoler. Rien n'y faisait. Soit qu'elles fussent seules au bord de la mer, soit qu'elles allassent par la ville, de rue en rue, de boutique en boutique, Mathilde se laissait traîner plutôt qu'elle ne marchait, et ne donnait attention à rien, ni à l'aspect de la ville, ni aux usages, ni aux mœurs des habitants.

Cependant Florine s'avisa d'une idée, qui, pensait-elle, ne manquerait pas de distraire Mathilde.

Un jour qu'elle s'était amusée à détailler le costume des paysannes des environs qui viennent au marché montées sur leur âne, elle proposa à Mathilde de se faire chacune un costume en tout semblable à celui de ces paysannes. Ainsi elles occuperaient leur temps jusqu'à la réponse définitive de M. Peyronnet et jusqu'à leur départ. De plus, disait-elle, ce sera pour vous un plaisir de montrer à vos amies de Paris cette preuve que vous avez voyagé en Espagne. Mathilde ne répondit que par des soupirs, des sourires tristes et des haussements d'épaules. Mais Florine se mit à l'ouvrage, et en quelques jours les costumes furent prêts, y compris la coiffure et même la chaussure, qui, sans être élégante, avait son cachet vraiment curieux.

La vieille Anna trouvait l'idée bonne, et souriait en voyant Florine essayer à Mathilde la courte jupe aux couleurs éclatantes.

Jacques Temnenk ne souriait pas. Il se demandait, à part lui, dans quoi l'on emballerait les costumes, s'il n'y avait pas de place dans les malles.

L'idée de voir ouvrir le coffre le faisait frémir.

Enfin, la seconde lettre de M. Peyronnet arriva. Elle n'était que trop positive et que trop semblable à ce que Mathilde avait pressenti. Le ministre avait répondu que ce que la mer rejetterait, tôt ou tard, des débris du naufrage, serait recueilli selon les lois qui concernent les épaves; que jamais, sur les côtes d'Espagne, on n'avait pratiqué les opérations de sauvetage dont parlait la lettre de Mathilde, lesquelles opérations étaient le privilége d'une compagnie anglaise, et qu'il n'y avait nul espoir que cette compagnie se décidât à venir opérer si loin; que, le voulût-elle, il n'était pas sûr que le gouvernement espagnol y consentît, à cause des embarras que ces travaux pourraient occasionner, surtout au cas où ils seraient de nature à gêner l'entrée du port. En résumé, le ministre espagnol, fidèle à l'esprit et aux traditions de son pays, répondait à Mathilde : « Fiez-vous à la Providence ou au hasard, c'est le mieux que vous puissiez faire! » Fataliste ou chrétien, mais Espagnol surtout!

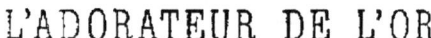

XV

Pendant la lecture de la lettre de M. Peyronnet, qui fut faite à haute voix par Florine, Mathilde versa quelques larmes. Sa tristesse gagna les assistants, à l'exception de Jacques, qui, assis dans le coin le plus sombre de la salle, souriait d'une façon étrange. Puis il parut en proie à une terrible indécision. Enfin, comme s'il eût pris tout à coup une douloureuse détermination, ses traits se contractèrent, et soudain son visage se couvrit de larmes.

Le pèlerinage de Mathilde était donc terminé. Le navire partait le surlendemain. Elle fit inscrire son nom sur la liste des passagers avec ceux de Florine et de la vieille Anna, dont elle voulut payer les frais de voyage. Elle savait qu'Anna Dolorès, ou plutôt Marianne Cloot (il convient, à ce moment du récit, de lui restituer son vrai nom), désirait revoir ses autres enfants restés à Dunkerque, et mourir dans son port natal. Quant à Florine, n'ayant rien à elle, pas même les vêtements qu'elle portait, elle était bien forcée d'accepter ce que lui offrait la générosité de Mathilde.

La réponse de Madrid était arrivée un jeudi : le navire mettait à la voile le samedi matin.

Jeudi, à minuit, Jacques sortit de sa maison, referma sa porte avec précaution, sans bruit, et gagna le bord de la mer. La nuit était sombre. Il marchait vite, regardant souvent derrière lui pour voir s'il n'était pas suivi, sans réfléchir que si quelqu'un avait marché sur ses traces, l'obscurité l'eût empêché de s'en apercevoir, et que le sable eût éteint le bruit des pas. Souvent il s'arrêtait pour reprendre haleine; son cœur battait si fort qu'il se sentait près d'étouffer.

Après une demi-heure de marche, il arriva devant une masse de rochers dont il fit le tour. Puis il alluma sa lanterne, se mit à gravir un sentier taillé dans le roc, et se trouva enfin devant une petite construction toute ruinée, qui avait pu être une chapelle ou la demeure d'un solitaire, lequel avait jadis mêlé ses prières au bruit du vent et aux grondements de la mer, ou bien simplement un petit refuge de contrebandiers; dans tous les cas, abandonné depuis fort longtemps et maintenant tout à fait ignoré des pêcheurs et des habitants de la côte.

Jacques fit pivoter sur lui-même un lourd quartier de roc, enleva avec sa pioche un demi-pied de terre et de sable, tira une clef de sa poche, ouvrit une petite porte en fer d'un pied de haut et d'un demi-pied de large. Cela fait, il éleva sa lanterne à la hauteur de l'ouverture, et resta un bon quart d'heure immobile, la bouche béante, les yeux écarquillés, à regarder les piles d'or et les tas de bank-notes symétriquement rangés dans cette armoire de pierre.

— Faudra-t-il donc me séparer de mon trésor? dit-il après un long silence, en poussant un grand soupir. Ne l'aurai-je tiré de l'eau moi-même, moi seul, au risque de me noyer, en nageant jusqu'à ces deux rochers entre lesquels il était arrêté, et où je l'aperçus, moi seul, à la marée basse? ne l'aurai-je amené jusqu'ici avec tant de peines? n'aurai-je taillé ce roc, apporté cette terre, enfoncé cette serrure dans la pierre, tant sué, tant travaillé, tant souffert d'inquiétudes et conçu de soupçons affreux, que pour me le voir ravir à présent? Car il n'y a pas à en douter, cette étrangère est bien une naufragée du *Royal-Standard*; c'était bien le nom qu'elle a dit hier qui était inscrit sur cette plaque de cuivre que j'ai arrachée de dessus le coffre avant de l'envoyer à ma mère. Hélas! me voilà perdu! Que deviendrai-je quand je ne pourrai plus venir te contempler de temps en temps, ô mon trésor! qui étais resté intact; car tu es là tout entier, tel que je t'ai trouvé! Il n'y manque pas un dollar! Ne plus vous voir, mes belles piles d'or! mon joli papier satiné, avec lequel on achèterait une ville, et auquel je n'ose pas toucher, tant je vous respecte et vous aime! Ne plus vous contempler! oh! j'en mourrai, bien sûr! Car je ne suis pas un voleur!

Jacques ferma la porte de fer, éteignit sa lanterne, se coucha à l'entrée de la maisonnette, et s'endormit. Une heure après environ, il se réveilla, ralluma sa lanterne, rouvrit la cachette et recommença son monologue devant son trésor, dont les scintillements lui paraissaient plus doux, plus charmants, plus enivrants que jamais. Trois fois il se rendormit, comme un amoureux aux pieds de sa maîtresse, trois fois il revint au trésor, lui adressant toujours les mêmes paroles avec un attendrissement et une mélancolique tendresse qui augmentaient à chaque fois.

A son quatrième réveil, il faisait grand jour. Jacques releva à grand'peine le monceau de terre et de sable, fit de nouveau pivoter le roc qui cachait l'ouverture, et s'en revint par le bord de la mer, plongé dans une tristesse affreuse.

Dès l'aube, la vieille Marianne avait éveillé Mathilde et Florine pour faire leurs paquets. Quand les malles furent pleines, on s'aperçut que les deux costumes de paysanne restaient étalés sur des chaises, ne demandant qu'à être à leur tour soigneusement pliés et emballés. Mais il n'y avait plus dans les malles seulement place pour un foulard.

— Où est donc mon coffre? s'écria la vieille Marianne.

Elle se mit à fureter partout, en haut, en bas, dans le hangar, dans la salle où Jacques faisait sécher ses filets. Puis, furieuse, elle s'élança sur l'escalier, et en quelques bonds atteignit le grenier, où elle ne tarda pas à trouver son coffre sous des monceaux de filets au rebut.

Elle le chargea joyeusement sur sa vieille épaule, et le descendit dans la chambre du premier étage, où Mathilde et Florine attendaient.

La vieille Marianne ouvrit triomphalement son coffre. Il était doublé à l'intérieur d'une solide toile à carreaux bleus et blancs. La partie supérieure était à double fond, mais il était assez difficile, à première inspection, de s'en apercevoir. La vieille découvrit pourtant une mince patte de cuir jaune, la tira à elle, et le double fond fut mis à jour. Par un mouvement de chatte qui s'élance sur une souris, elle se jeta à genoux et colla son nez sur un objet nouveau pour elle. Cet objet était une carte de visite satinée, collée au beau milieu du double fond avec des pains à cacheter. Marianne Cloot poussa un cri de surprise, puis resta immobile, à genoux devant son coffre. Mathilde accourut à ce cri, se baissa et lut, sur la carte, ce nom qui éclairait le double fond comme un phare :

MAXIMILIEN-GÉRARD DE PEYRÉ,

103, rue de Varennes.

On n'avait rien à apprendre à la vieille sur ce nom-là, Mathilde ayant, la veille, à propos de la réponse du ministre, raconté l'affreuse mort de son oncle, sa ruine et celle de son mari.

Florine lut aussi, et resta stupéfaite. Mathilde était pâle à faire peur, et tremblait de tout son corps. Un moment après, elle rougit de cette émotion causée par une folle espérance d'argent retrouvé.

Au même instant entra Jacques Temnenk, qui revenait de sa visite nocturne à la cachette du rocher. Il était défait, blême, abattu, et il semblait que ses jambes refusassent de le porter.

La vieille se releva d'un bond et courut à lui :

— Mon fils Jacques, cria-t-elle, vous n'êtes pas un voleur ! où est l'argent ?

— Quel argent? demanda Jacques d'un air hébété.

— L'argent, l'or, les billets, toute la fortune qui était dans ce coffre et qui ne vous appartenait pas, bien que vous l'ayez trouvée!

Jacques se laissa tomber sur une chaise et se mit à verser des larmes si abondantes, en poussant des gémissements et des sanglots si profonds, que les trois femmes étaient atterrées de voir ainsi pleurer un homme.

— Malédiction! cette fortune, il l'a volée! cria la vieille, en saisissant une chaise et la levant sur son fils.

LE TRÉSOR ET LA MER

XVI

Jacques se leva comme poussé par un ressort et resta un moment debout, sans parler, raide comme une statue.

— Arrêtez! dit-il enfin d'une voix sourde. Je n'ai pas volé cet argent. Je l'ai gardé, voilà tout. Le 17 octobre, au matin, j'allais jeter mes filets pour la dernière fois lorsque j'aperçus un objet qui flottait entre deux pointes de rochers, environ à un quart de lieue de la côte. Je savais que le *Royal-Standard* avait péri, je me doutais que c'était quelque caisse ou débris de ce navire. J'attendis la marée basse, et laissant mon bateau à l'ancre, car il était impossible de naviguer de ce côté à cause des courants, je me jetai à la nage, j'arrivai aux rochers; je vis que c'était un coffre très-lourd. Au risque de me noyer ou de me briser les membres contre le roc, je traînai le coffre jusqu'au rivage, et, l'ayant porté dans un endroit écarté, je forçai la serrure. Je restai ébloui à la vue de l'or et des valeurs qu'il contenait. Vous savez, ma mère, que ç'a toujours été ma passion de contempler les piles d'or et les belles marchandises ; car on m'a fait pêcheur, mais j'étais né marchand, banquier, homme d'argent. Ah ! j'ai passé une bien terrible nuit, la tête appuyée sur ce coffre. Sans doute, durant cette nuit, les anges et les démons se sont livré combat entre ciel et terre pour décider si je garderais ou si je rendrais le trésor. Au lever du soleil, ma passion l'avait emporté sur les conseils de ma conscience. Que je sois damné après ma mort ! m'écriai-je, j'y consens, pourvu que, ma vie durant, je puisse jouir de la vue de cet or. Je trouvai une cachette, j'enfouis le trésor, et cachant le coffre sous un tas de sable, je retournai, à la marée basse, par les mêmes rochers, jusqu'à mon bateau, moitié rampant sur le roc, moitié nageant, affrontant la mort. Je rentrai au port, où je trouvai ma pauvre femme bien étonnée d'une si longue pêche. Mais elle n'a jamais su pourquoi j'étais resté si longtemps en mer. Un jour pourtant, elle soupçonna quelque chose, ce fut lorsque je rapportai le coffre que je vous ai envoyé, ma mère, afin de ne plus le voir, et pourtant n'osant pas le détruire, car je ne suis pas un voleur !

— Mais malheureux ! exclama la vieille, tu volais les héritiers du noyé en gardant cet argent !

— Pas tout à fait, répondit Jacques d'un

air si hébété que les femmes le crurent fou ou tout au moins idiot. Pas tout à fait, répéta-t-il.

Sur ce mot, il sortit, alla jusqu'à sa chambre à coucher et revint aussitôt, tenant à la main une enveloppe d'un aspect solennel et soigneusement cachetée de cire rouge.

Il tendit ce paquet à Mathilde en lui ordonnant d'en rompre le cachet et d'en lire le contenu.

Mathilde, dominée par l'étrangeté de ces circonstances et le caractère bizarre de cet homme, rompit la cire machinalement. Un objet s'échappa de l'enveloppe et tomba à terre. La vieille Marianne le ramassa. C'était une mince plaque de cuivre sur laquelle était gravé le nom de M. de Peyré.

— Lisez, dit Jacques.

Mathilde déploya le parchemin et lut tout haut :

« Ceci est mon testament.

« Je prie M. le curé de la paroisse de prévenir les autorités et la justice qu'en suivant la côte vers l'ouest, à une demi-lieue environ de ma maison, on trouvera un trésor facile à reconnaître d'après ces indications. Ce trésor, trouvé par moi le surlendemain du naufrage du *Royal-Standard*, appartenait à un des naufragés dont le nom est ici, sur cette plaque de cuivre que j'ai arrachée du coffre qui contenait cet or. Je veux que ces valeurs soient remises aux héritiers du naufragé; au cas où il ne s'en trouverait pas, je désire, si les autorités le permettent, que l'on donne cet argent aux pauvres de Saint-Sébastien et que l'on élève, à l'endroit où l'on trouvera le trésor, une petite chapelle à mon saint patron, pour le remercier de m'avoir fait jouir pendant ma vie de la vue d'aussi belles pièces d'or. Puisse Notre-Seigneur Jésus-Christ m'introduire en son paradis, dans lequel je crois que je ne serai jamais aussi heureux que je l'ai été sur cette terre à contempler le trésor que Notre-Seigneur m'avait fait la grâce de trouver. Priez pour moi et pour ma femme.

« Jacques TEMNENK. »

— Tout cela, c'est bien, dit la vieille Marianne, à qui la dévote tournure de la fin du testament arrachait des larmes d'attendrissement. C'est bien, mon fils Jacques, mais l'argent? où est donc cet argent?

— Je l'irai chercher cette nuit, répondit Jacques en recommençant à pleurer et à sangloter de plus belle.

En somme, on ne savait si l'on avait affaire à un fou ou bien à un affreux brigand, très-dissimulé, qui décamperait avant la nuit en emportant cet or, qu'il aimait d'une si touchante passion.

L'état dans lequel Mathilde passa cette journée, songeant à son mari, à la joie du retour, au cas où ce Jacques fût de bonne foi, cet état ne se peut peindre.

Quant à Florine et à la vieille Marianne, elles allaient, venaient, s'asseyaient, mangeaient comme dans un rêve, — mais elles ne quittaient pas Jacques des yeux.

A minuit, Temnenk l'aîné mit le coffre sur une charrette à bras qu'un portefaix du port lui avait prêtée, il prit sa lanterne, son briquet, et dit aux trois femmes de le suivre.

Son épouse resta à garder la maison.

Il faisait une nuit douce, obscure, sans pluie ni vent. La mer, assez loin retirée, était phosphorescente, et son bruit ressemblait tantôt à un long soupir, tantôt au souffle lent d'un géant endormi.

Jacques pleurait à grosses larmes en poussant sa charrette.

On arriva à la masse de rochers.

Il alluma sa lanterne, et la bande silencieuse gravit péniblement le sentier taillé dans le roc.

Lorsqu'il eut fait pivoter le roc, enlevé la terre et le sable, ouvert la petite porte en fer et levé sa lanterne à la hauteur de son visage, les femmes, en voyant reluire les piles d'or si bien rangées, restèrent littéralement pétrifiées.

Lui, son visage ruisselant de larmes était un vrai fleuve, et son œil bleu, à travers cette inondation, brillait d'un éclat extraordinaire.

— Ecartez-vous, dit-il aux femmes assez poliment.

Il traîna son coffre devant l'ouverture et commença à y placer, une à une, les piles d'or et les liasses de billets de banque.

— Adieu donc, mon trésor! murmura-t-il quand l'opération fut terminée.

Il allait refermer le coffre avec la fausse clef qu'il avait fait fabriquer avant de l'envoyer à la vieille Anna, à Madrid (la vraie clef était restée dans la poche de M. de Peyré), lorsque Mathilde, prenant la dernière liasse de bank-notes, la lui offrit. Jacques refusa obstinément, mais il fit signe de la donner à sa mère.

Marianne Cloot accepta et se mit à songer, dès qu'elle eut les billets dans la main, à une petite maison qu'elle achèterait, pour y mourir, dans une rue voisine du port, à Dunkerque. La vieillesse est égoïste, et elle a raison de l'être.

Le coffre étant plus lourd qu'en montant, on eut plus de peine à lui faire descendre le sentier. Jacques et sa mère en vinrent à bout, et la petite charrette roula bientôt sur le sable, portant la fortune splendide de M. et de madame Jules André. La mer montait.

Quand on arriva à la maison de Jacques, une heure et demie du matin sonnait à toutes les églises de Saint-Sébastien.

Jacques chercha vainement des consolations dans les bras de sa femme, une Espagnole un peu idiote, mais parfaitement faite de corps, et, qualité plus précieuse encore, muette comme un poisson.

Le lendemain, à sept heures du matin, Mathilde, Florine et la vieille Marianne s'embarquèrent pour le Havre. Les adieux de Jacques et de sa mère furent touchants.

Florine n'avait jamais vu la mer. Elle dit à Mathilde en se promenant sur le pont : J'aime la mer, et toi?

— Moi, je l'adore, répondit Mathilde, quoique j'aie failli y mourir.

— Ou plutôt... parce que..., répliqua Florine en souriant.

Mais Mathilde lui mit tristement la main sur les lèvres.

ÉPILOGUE

APPARITION DE PEYRONNET

A la fin de l'hiver qui suivit son retour d'Espagne, Mathilde assistait avec son mari au dernier grand bal de l'Hôtel-de-Ville. Forcée par la haute position de Jules André de sacrifier aux exigences du monde ses goûts modestes et sa timidité naturelle, Mathilde dansait. Pendant un quadrille, elle aperçut tout à coup, à côté de son mari, un homme jeune et de tournure élégante qu'elle ne connaissait pas, qu'elle n'avait jamais vu, et qui pourtant, à en juger par l'expansive gaieté avec laquelle il causait avec Jules, était, à n'en pas douter, un ami intime de ce dernier. Elle devina ou plutôt reconnut en cet homme l'ami Peyronnet. Elle sentit un tremblement subit, et, tout en jetant des regards inquiets sur le nouveau venu, elle se prit involontairement à maudire sa présence.

Cependant Mathilde devait beaucoup à Peyronnet, qui avait apporté, dans l'exécution de ses avis et dans l'obéissance à ses recommandations, un tact exquis et une adresse rare. Avant de s'embarquer à Saint-Sébastien, elle lui avait envoyé sous enveloppe, afin qu'il la mît à la poste à Madrid, la lettre dans laquelle elle annonçait à Jules que, par un hasard providentiel, par un concours de circonstances indépendantes de la gracieuse volonté du ministre, on avait trouvé dans un grenier administratif le coffre de

M. de Peyré qui attendait en dépôt l'achèvement d'une enquête, laquelle ne paraissait pas devoir se terminer de sitôt.

L'ami Peyronnet avait donc scrupuleusement suivi les recommandations de Mathilde, et Jules André, pendant tout le temps que dura la traversée de Saint-Sébastien au Havre, avait fiévreusement attendu l'arrivée de sa femme et de sa fortune, sans trop se rendre compte de ce goût de Mathilde pour les voyages sur mer.

Disons plus, Peyronnet avait mis du génie dans son rôle de confident, d'intermédiaire inconnu. Après les premières embrassades sur le quai du Havre, pendant que Florine et la vieille Marianne, de peur de compromettre Mathilde par leur présence, s'éloignaient rapidement et se perdaient dans la foule, fuyant les regards de Jules André, celui-ci avait lu à sa femme une nouvelle lettre de Peyronnet, qui parut à Mathilde le sublime du tact et de la prudence, en même temps qu'un chef-d'œuvre d'adresse et de style épistolaire. Sous prétexte de rappeler à Jules André des souvenirs d'enfance et de première jeunesse, Peyronnet, dans cette fameuse lettre, donnait son signalement physique et moral, sans omettre un seul détail, décrivait ses habitudes, ses gestes, ses *tics* et jusqu'aux intonations de sa voix. Puis, comme se complaisant dans le souvenir des instants « trop courts, hélas! écrivait-il, qu'il avait eu le bonheur de consacrer à la femme d'un si cher ami, » Peyronnet inventait tout un roman de visites, de courses, de démarches faites à Madrid à la recherche du coffre (Mathilde l'avait fort brièvement informé du but de son voyage et de la trouvaille qu'il fallait déguiser). Peyronnet, en homme de génie, comme on voit, s'étendait si longuement dans sa lettre sur tous les détails, nommant les rues, les places, dépeignant les monuments, façade et intérieur, montrant le fond des lenteurs et des détails administratifs, portraiturant jusqu'au ministre lui-même, si minutieusement, si clairement et d'une manière si frappante, qu'après la lecture de cette lettre Jules André n'avait plus

eu rien à demander à sa femme, et, ce qui
était plus important, Mathilde n'avait plus
eu rien à répondre. Pour Jules, tout avait dû
arriver comme Peyronnet l'avait écrit; c'était
entendu. Mathilde avait pris cette lettre des
mains de son mari, et l'avait apprise par
cœur, en vouant à ce Peyronnet inconnu une
reconnaissance éternelle.

Malgré cela, en retrouvant ce phénix des
bienfaiteurs dans l'interlocuteur de son mari,
Mathilde, au milieu de cette foule distraite
et enivrée des danseurs, pâlissait sous ses
fleurs et frémissait. C'est que cet homme,
s'il ignorait son secret, savait du moins
qu'elle en avait un. Après le quadrille, une
feinte reconnaissance eut lieu entre eux, si
admirablement jouée, que Jules André en eut
les larmes aux yeux. Toute femme n'est-elle
pas instinctivement une grande comédienne,
lorsqu'il s'agit de sauvegarder les plus chers
intérêts de son cœur?

La reconnaissance faite et de nouveaux
remerciements échangés, Mathilde se sentit
mal à l'aise auprès de cet inconnu avec qui

elle n'était liée que par un mensonge ; elle souffrait aussi pour Jules de sa position ridicule devant son ami. Pour fuir ces tristes pensées, elle accepta toutes les invitations qui se présentèrent et dansa plus que de coutume.

Avec le souvenir de Madrid, celui de l'hôtel Ferrer lui revenait à l'esprit. Il lui semblait, par instants, que sa vue se troublait et qu'elle allait chanceler. Elle tournait alors les yeux vers son mari qui la regardait danser. Le sourire fier de Jules, son air heureux et triomphant, lui rendaient des forces. Elle s'efforçait de sourire ; mais tout à coup, dans le cavalier qui lui faisait vis à vis et qui marchait vers elle, elle voyait le fantôme du marquis avec son habit noir taché de sang, et elle croyait sentir encore dans sa main le manche de nacre du poignard de Florine.

Pour échapper à ces obsessions, elle se donna pour tâche de récapituler mentalement tout ce qu'elle avait fait dans la journée, comme un enfant qui a peur dans son petit lit, s'efforce de compter, à la clarté de la lune, les lignes transversales d'un papier de tenture.

Voici quel avait été l'emploi de cette journée :

D'abord, elle avait écrit le matin au plus jeune fils de la vieille Marianne, à Dunkerque, en lui envoyant un secours d'argent, généreusement déguisé, pour sa mère qui, depuis peu, était aveugle et ne pouvait bouger de son fauteuil.

Ensuite, elle était sortie en voiture vers deux heures, elle avait fait quelques visites ; puis, ayant rendez-vous avec une novice de la communauté dite des Petites Sœurs-des-pauvres, elle avait forcé cette jeune fille à monter dans sa voiture, et l'avait accompagnée en divers endroits, où elle avait à se rendre d'après les ordres de sa supérieure. L'heure, ainsi passée en courses de charité, dans un équipage à deux chevaux, avait été pour Mathilde la meilleure et la plus douce heure de la journée, car cette novice, afin qu'on le sache, n'était autre que Florine. Mathilde l'avait quittée en haut du faubourg

Saint-Jacques, devant une maison d'apparence sordide, où la novice était entrée pour porter des secours, à l'insu de la communauté, à une femme jeune encore, mais tuée par la débauche, et qui se mourait des suites d'une affreuse maladie (Mathilde apprit seulement un mois plus tard que cette jeune femme était Alice, que Rosette Didier avait renvoyée à Paris). Florine l'avait rencontrée par hasard dans la rue et lui avait pardonné en chrétienne et en sœur.

Enfin, Mathilde était retournée vers son hôtel de la rue du Cherche-Midi, par le quartier du Luxembourg, en s'arrêtant à la chapelle d'un couvent nouvellement installé. Là, elle s'était informée auprès du directeur des religieuses si l'on avait reçu le prix d'une fondation de messe qu'elle y avait faite sous cette simple désignation : pour le repos de l'âme d'un pauvre homme assassiné en Espagne.

Après sa journée ainsi dépensée, elle avait dîné en tête-à-tête avec son mari, puis elle s'était habillée pour le bal.

Cette sorte d'examen de conscience réussit

à Mathilde; les apparitions terribles s'évanouirent, et elle se remit au point d'être capable de répondre alternativement oui et non à son cavalier, sans même attendre les interrogations.

Cependant Peyronnet était toujours en conversation avec Jules; et c'était une réalité, un spectre très-palpable, un danger en chair et en os. Il avait été vraiment plus que serviable pour Mathilde; il s'était fait providence et l'avait sauvée d'un péril auquel elle ne songeait pas. Oui, mais cet homme si complaisant, si incontestablement adroit et ingénieux, était-il aussi un honnête homme? L'avait-il servie sans arrière-pensée? Et même en écartant cette probabilité de scélératesse, ne pouvait-il pas être naturellement curieux, avide de se rendre compte de tout, incapable de voir marcher un secret devant lui, sans désirer passionnément connaître ou deviner le mot de l'énigme? Ne pouvait-il pas un jour le demander à Mathilde, ce mot, comme prix de ses obligeants services? Non, encore une fois non; c'eût été le fait d'un scélérat, et Peyronnet n'en avait pas la mine. Et cependant Mathilde tremblait.

Tout à coup elle s'aperçut d'un changement complet d'expression sur les visages de Jules et de son ami. Peyronnet parlait à voix basse, en se penchant sur l'épaule de Jules André, qui l'écoutait pâlissant, les yeux fixes, l'air surpris, atterré ; et cependant il semblait qu'un demi-sourire ou d'incrédulité ou de mépris errât sur ses lèvres. Peyronnet avait l'air d'affirmer de la tête et du geste que la chose, si horrible qu'elle fût, était véridique ; et d'ailleurs, semblait ajouter Peyronnet en haussant les épaules, l'aventure était encore plus bizarre, plus étrange, plus fantastique qu'atroce, puisqu'on n'avait pas découvert....

Heureusement, le quadrille finissait. Mathilde laissa là son danseur sans attendre ses remerciements, alla à son mari et lui dit qu'elle voulait partir à l'instant. Jules, encore pâle, abasourdi, distrait, marchant comme un somnambule, donna le bras à sa femme, et, tout en tenant la main de Peyronnet, qui le fascinait et dont il ne pouvait se séparer, il se dirigea vers la porte de sortie. Là, le couple se sépara de Peyronnet, qui rentra dans le bal tout hébété du dernier regard à la fois glacé, suppliant et menaçant que Mathilde venait de lui adresser.

Une fois réunis dans l'ombre et la solitude de leur étroit coupé, M. et madame Jules André tombèrent dans un de ces silences obstinés qui, entre époux-amants, tantôt précèdent l'orage, tantôt, au contraire, sont la plus sûre promesse et même la plus naïve manifestation du beau temps. Selon ce qui s'agite dans les secrètes pensées de l'un et de l'autre, rien n'est, ou plus doux, ou plus cruel que ces silences. Rien n'est aussi plus dangereux ; à moins que l'on ne soit complétement sûr, des deux côtés, que les pensées sont en parfaite harmonie, à l'unisson. Dans ces dernières conditions, deux êtres qui se sentent ainsi rapprochés, sans se voir, sans se parler, goûtent peut-être la joie la plus infinie, la plus illimitée que l'amour puisse donner dans l'ordre moral. Mais laissons cette théorie. Ce n'était pas le cas dans la situation qui nous occupe. Peyronnet remplissait la pensée de Mathilde et aussi celle de Jules André, mais bien différemment. Quand la voiture eut passé le pont du Carrousel, Jules laissa échapper ces mots : En pleine capitale!... un homme, un grand seigneur!... disparaître ainsi!... de notre temps!... Heureusement les lanternes du coupé n'étaient pas du genre de celles qui éclairent l'intérieur des voitures. Le mari ne vit pas la pâleur livide de sa femme. En traversant le carrefour de la Croix-Rouge, Jules André murmura entre ses dents : Un hôtel!... Peyronnet qui appelle cela un hôtel!... Le terme est bien honnête!...

Quand la voiture s'arrêta devant le perron, Jules descendit le premier et tendit machinalement, pour qu'elle s'y appuyât, son bras à sa femme, qui avait la figure presque entièrement cachée par son capuchon de satin rose bordé de dentelles. Arrivés dans la chambre à coucher, Mathilde n'avait pas encore osé regarder son mari. Ne se pouvait-il pas qu'il eût déguisé sa voix et dissimulé ses véritables préoccupations?

Jules André dit tout à coup :

— L'Espagne voit encore des aventures sinistres.

Mathilde ouvrit précipitamment une fenêtre. L'air vif lui reporta le sang au visage, et la fit respirer.

Jules, après un silence d'une minute, qui parut un siècle :

— Il ne t'est donc rien arrivé, là-bas? rien, rien?

Mathilde fit un effort surhumain, tourna la tête et regarda son mari.

Il remontait machinalement sa montre, en se souriant agréablement à lui-même dans le miroir. Il avait le teint naturel, un peu rosé par la fatigue et la chaleur du bal, les yeux brillants, mais brillants de plaisir et de fierté.

— Rien, mon ami, absolument rien, répondit Mathilde.

Jules plaisantait intérieurement depuis le premier mot que Peyronnet lui avait dit sur la mort du marquis Frederico¹, qui avait en effet occupé le grand monde de Madrid pendant quelques semaines. Mais Peyronnet ne savait rien de plus que ce que savait le monde.

Entre Jules André et Peyronnet, ç'avait été une de ces *scies* de collége qu'ils s'étaient donné le plaisir de remonter en plein bal. Paraître ahuri, consterné, affligé au dernier point d'une nouvelle qui n'intéresse en réalité ni l'un ni l'autre, voilà en quoi consiste cette *scie*, et le sublime est de se quitter ainsi désespéré sans avoir ri. On rit plus tard, à la première rencontre. Jules avait continué la *scie* jusqu'à la chambre à coucher.

Mathilde en était quitte pour la peur.

Mais elle s'arrangea de manière à ce que Peyronnet ne parlât plus jamais, jamais de l'Espagne, sous aucun prétexte.

FIN.

TABLE DES MATIÈRES

		Pages.
I.	— Le naufrage des sept millions.	1
II.	— A quoi rêvait une fille noble et ruinée.	19
III.	— La Montdidier.	35
IV.	— L'express de Paris à Bordeaux.	55
V.	— L'hôtel Ferrer.	75
VI.	— Ou arrive la nuit.	93
VII.	— Le jeu, le Cid, les belles.	103
VIII.	— Un caprice espagnol.	117
IX.	— La chambre des orangers.	145
X.	— Les fureurs de Marianne.	159
XI.	— Ecrire à son mari.	175
XII.	— Florine vengeresse.	181
XIII.	— Le coffre.	197
XIV.	— Arrivée à Saint-Sébastien.	209
XV.	— L'adorateur de l'or.	221
XVI.	— Le trésor et la mer.	235
Epilogue.	— Apparition de Peyronnel.	24

Imprimé par Charles Noblet, rue Soufflot, 18.

Librairie de E. DENTU, Éditeur
Palais-Royal, 17 et 19, galerie d'Orléans.

Collection in-18, à 2 fr. le volume.

L'Amour et l'Honneur.	***
L'Art dans la Rue.	De l'Espinois.
L'Art de la Beauté.	Lola Montez.
Boutades en vers.	E. Arnal.
Ce qu'on dit pendant une contredanse.	Ch. Narrey.
Une Caravane parisienne dans le désert.	A. Gouet.
Chants, anathèmes et prières.	A. du Cournau.
La Chasse aux Blancs.	L. Stapleaux.
Les Clubs et les clubistes de 1848.	A. Lucas.
Contes du foyer.	A. Cauwet.
Contes de la Gascogne	Cénac-Moncaut
Dans les bosquets.	C. Badère.
La Dette de famille.	A. Gouet.
Dict. d'anecdotes sur les femmes, etc.	L. J. Larcher.
La Divinité de Jésus.	E. Merson.
Double conversion.	Elie de Mont.
En comptant les étoiles	A. Perronnet.
Les États-Unis en 1861.	Georges Fisch.
Études sur la propriété littéraire.	G. de Champagnac.
Excursions dans le Cornouailles (illust.)	L. Deville.
La Fée Mignonnette (illustré).	Duc de D***.
Le Gandin et ses ancêtres.	De Veillechèze
Du Gouvernement de Louis XIV.	H. de Marne.
Une Héroïne.	De Grandpré.
Histoire d'un Mendiant.	Mme Olympe Audouard.
Histoire et voyages d'un Enfant du peuple.	F. Malo.
Un Homme chauve.	J. de Carné.
Les Idées antiproudhonniennes.	J. Lamber.
Indiscrétions et confidences.	H. Audibert.
Itinéraire de Napoléon, de Smorgoni à Paris	Paul de Bourgoing.
Jacques le Charron.	Ém. Greyson.
Les Joies dédaignées.	E. Manuel.
Justice.	Ch. Habeneck.
Le Langage fondé sur la logique.	Tardif de Mello.
Lettres fraternelles.	Al. Weill.
Le Livre de la Vie.	H. de Callias.
Madame Hilaire.	L. Vallory.
Mlle Vallantin.	Paul Reider.
Manuel du Parfumeur chimiste.	A. Debay.
Manuel de bons secours	Josat.
Maria Grazia.	A. Lebailly.
La Marquise d'Egmet.	Mme de la Grange.
Masques et Visages.	Gavarni.
Les Mémoires de Marguerite.	C. Coignet.
La Mère.	Vse de Dax.
La Mère du Croisé.	J.-B. Sœhnlin
Mikael.	Ol. Souvestre.
Mille ans de guerre.	Mary Lafon.
Les Mondes habités.	William Snake.
Les Mystères du Palais.	Gustave Chadeuil.
Nathan le Sage.	G. E. Lessing.
Des Officiers-Magistrats de police.	E. Mainard.
Les Parias de l'Amour	A. d'Amezeuil
Paris en Songe.	Fabien.
Le Pêcheur à la mouche artificielle.	Ch. de Massas.
Physiologie des voyageurs de commerce.	A. Fourgeaud.
Une Possédée en 1862.	Isab. Julliard.
Le Poste de la Gaîté.	L Andrieux.
Les quarante Médaillons de l'Académie.	Barbey d'Aurevilly.
La Question des filles à marier.	Fourcade-Prunet.
Révolution navale.	F. Billot.
Le Roman du mari.	Am. Achard.
La Semaine Sainte à Jérusalem (illustré).	L. Deville.
Le Servage des Gens de mer.	Benard.
Simples récits.	Léon Guérin
Le Sommeil magnétique	Alexis.
Souvenirs d'une Chemise rouge.	U. de Fonvielle.
Tablettes des Révolutions.	Cadiot.
Les Talons rouges.	G. Desnoiresterres.
A travers la Science.	Martin d'Oisy.
Thérèse.	Ernest Daudet.
Le Vagabond.	Et. Enault.
La Vie en chemin de fer.	B. Gastineau.
Vrai livre des Femmes.	Mme E. Niboyet.
Windsor.	L. Dépret.

Collection in-18, à 2 fr. 50 c. le volume.

Les Amours sincères 1v.	Ém. Leclercq.
L'Art de converser et d'écrire chez la femme	Paul Leconte.
Comment on convertit un Mari	De Plasman.
La Dalmatie ancienne.	F. L. Levasseur
Les Économistes appréciés. 2 vol.	O. Protin.
La Famille Alvareda.	F. Caballero.
La Gaviota.	F. Caballero.
Histoire populaire des guerres de la Vendée	***
Hygiène des baigneurs	A. Debay.
— des cheveux et de la barbe	A. Debay.
— du visage et de la peau	A. Debay.
Hygiène des pieds et des mains	A. Debay.
Hygiène et perfectionnement de la beauté humaine	A. Debay.
Hypérion et Kavanagh. 2 vol.	H. Longfellow.
Manuel élément. de l'aspirant magnétiseur	J.-A. Gentil.
Mémoires sur la Vendée 2 vol. (illust.)	Mme de La Rochejaquelein
Les Parfums et les fleurs	A. Debay.
Philosophie du mariage	A. Debay.
Satires parisiennes	E.-G. Rey.
Séraphin	Em. Leclercq.
Les Socialistes depuis Février	Jules Breynat.
Tableaux de genre	Em. Leclercq.
La Vie à ciel ouvert. 2 v.	Pessonneaux.

Collection in-18, à 3 fr. le volume.

Abécédaire du Salon de 1861	Th. Gautier.
Aimée	Paul Féval.
L'Amant de carton	Math. Stev***.
L'Ame. 2 vol.	J.-P. Chevalier
L'Amour bossu	H. de Kock.
L'Amour par les grands écrivains	***
Les Amours de Geneviève	Fortunio.
Les Amours de village.	Vict. Rostand.
Les Amours buissonnières	Alfred Delvau.
Un Amour vrai	Louise Vallory
Les Anglais, Londres et l'Angleterre	L.-J. Larcher.
L'Année anecdotique	F. Mornand.
Annuaire de la Charité	E. Knœpflin.
Antoinette	A. Cok.
Apologie chrétienne	J.-H. Michon.
L'Art et les Plaisirs de la chasse au lièvre	L. de Curel.
Autour de la table	George Sand.
Les Autrichiens et l'Italie	De la Varenne.
Aviation	G. de la Landelle
Ballades et chants de la Roumanie	Alexandri.
Le Batelier de Clarens. 2 vol.	J. Olivier.
Bévues parisiennes	Gaston de Flotte.
Les Bohémiennes de l'Amour	Louis de Montchamp.
Bouche de fer	Paul Féval.
La Bourse	Eugène de Mirecourt
La Bouche humaine	Dorigny.
La Bûche de Noël	Ed. Plouvier.
Campagnes sur les côtes d'Amérique	Du Hailly.
Les Cachots du Pape.	Ch. Paya.
Les Cantatrices célèbres	Escudier.
Le Capitaine de la Belle-Poule	De Charolais.
Le Capitaine Fantôme. 2 vol.	Paul Féval.
Caritas	Ernest. Drouet
Catherine d'Overmeire. 2 vol.	E. Feydeau.
Les Cent francs du Dompteur	L. Stapleaux.
Ces bons Messieurs de S.-Vincent-de-Paul.	J. M. Cayla.
La Charité à Paris	Jul. Lecomte.
Le Charnier des Innocents	Julien Lemer.
La Chasse et les Chasseurs	Léon Bertrand.
Les Chasses sauvages de l'Inde	Germ. de Lagny.
Le Château de Colombes.	Arthur Ponroy.
Childe Harold. 2 vol.	D. de Pontès.
Chrétienne et Musulman	***
Le Cœur et l'Ame	A. Debay.
Les Comédies parisiennes	E. Greeves.
Les Comédiennes adorées	Ém. Gaboriau.
Comment aiment les femmes	Valery Vernier
Comment aiment les hommes	Olympe Audouard.

Collection in-18 à 3 fr. le volume. (Suite.)

Comment on aime.	E. Enault.	Une Femme libre	Comt^{sse} Dash.
Confessions de l'abbesse de Chelles	M. de Lescure.	Les Femmes excentriques	Valery Vernier
Contes kosaks	Michel Czaykowski.	La Fille d'un Homme d'argent	Jeanne Mussard.
Contes et profils normands	Marc Bayeux.	Le Fou Yégof	Erckmann-Chatrian.
Contes populaires de la Norwége	E. Beauvois.	Francis Sauveur	Léon Walras.
Les Cotillons célèbres. 2 vol	Ém. Gaboriau.	Gaëte	Maria de Fos.
Les Coulisses parisiennes	V. Koning.	Les Galants de la Couronne	Paul Mahalin.
Les Coups d'épingle	E. Capendu.	La Gamme des Amours	O. Comettant.
Les Cours galantes. 3 v.	Desnoiresterres	La Garde Noire	Paul Féval.
Les Cousines de Satan	J. de St-Félix.	Les Gandins. 2 vol.	Ponson du Terrail.
Le Curé du Pecq	G. Chadeuil.	Gazettes et gazetiers.	J.-F. Vaudin.
Curiosités des sciences occultes	Le bibliophile Jacob.	Les Gens de bureau	Ém. Gaboriau.
Découvertes et Conquêtes du Portugal.	Éd. de Septenville.	Les Gens de théâtre	Pierre Véron.
Le dernier Amour	Ét. Enault.	Grammaire héraldique (illustré)	Gourdon de Genouillac.
Deux Hivers en Italie.	Ch.-F. Lapierre	Les grandes Amoureuses au Couvent	Lannau-Rolland.
Dictionnaire des ordres de chevalerie (illust.)	Gourdon de Genouillac.	Les Grands Corps politiques de l'État	* * *
Le Docteur Antonio	J. Ruffini.	Les Grands Capitaines amoureux	A. Challamel.
Les Dogmes nouveaux.	E. Nus.	Grands Seigneurs et Grandes Dames	Ch. de Mouy.
Domenica	L. Godard.	La Grèce en 1863	A. Grenier.
Don Juan de Padilla.	Du Hamel.	La Griffe rose	Arm. Renaud.
Un Drame électoral	J.-M. Gagneur.	Les Guerres commerc.	P. Mouriez.
Le Drame de la jeunesse	Paul Féval.	Guillaume de Varennes. 2 vol	Dosfant.
Un Drame à Calcutta.	A. de Bréhat.	L'Héritage du comédien	Ponson du Terrail.
Les Drames du Désert	Léon Beynet.	Un Hermaphrodite	L. Jourdan.
Une Drôlesse	Jules Claretie.	Histoire des Artistes vivants	Théophile Silvestre.
Le Duc des Moines	Paul Avenel.	Histoire de la Censure théâtrale	Hallays-Dabot.
Les Élections de 1863.	Victor Pierre.	Histoire de l'Industrie française	E. d'Auriac.
Encyclopédie hygiénique. 10 vol	A. Debay.	Histoire d'une Mère et de ses Enfants	Louis Ulbach.
L'Enfer des femmes	L. Laroche et G. Fould.	Hist. du Pont-Neuf. 2. v.	Ed. Fournier.
Enigmes des rues de Paris	Ed. Fournier.	L'Homme aux lunettes noires	E. Richebourg
Escapades d'un homme sérieux	Armengaud.	Les Hommes d'État de l'Angleterre au XIXe siècle	A. de la Guéronnière.
L'Esclavage aux États-Unis, Dean le Quarteron	H. Gibstone.	Les Hommes de lettres.	De Goncourt.
L'Espion noir	H.-E. Chevalier et F. Pharaon.	Le 13e hussards	Ém. Gaboriau.
L'Esprit dans l'histoire	Éd. Fournier.	Les Hypocrites	Turpin de Sansay.
L'Esprit des autres	Ed. Fournier.	Iba	P. de Ferlat.
L'Éternité dévoilée.	H. Delaage.	Les Imbéciles	Alfred Sirven.
Études religieuses et littéraires	Rosseeuw Saint-Hilaire.	Les Infâmes. 2 vol	A. de Kéraniou.
Les Expiations	Léon Valery.	Jean-Diable. 2 vol	Paul Féval.
La Famille Tulliver 2 v.	George Eliot.	Jean Lebon	G. Chadeuil.
Une Femme dangereuse.	Perceval et L. Desnoyers.	Jessie. 2 vol	Mocquard.
Une Femme de cœur	Marc Bayeux.		
Une Femme hors ligne	J.-M. Gagneur.		

Collection in-18 à 3 fr. le volume. (*Suite.*)

Un Jeune libéral et un légitimiste	F. Caballero.
La Jeunesse amoureuse	Jean du Boys.
Journal du siége de Gaëte	Ch. Garnier.
Lavinia. 2 vol	J. Ruffini.
La Légende de l'Homme Eternel	A. Durantin.
Légendes bretonnes	A. d'Amezeuil.
Légendes et curiosités parisiennes. (Sous presse.)	Ed. Fournier.
Lettres d'amour de Mirabeau	Mario Proth.
Lettres de Colombine	***
Lettres de Junius	***
Lettres de Mlle Aïssé	Ravenel.
Littérature musicale	L. Escudier.
Lorenzo Benoni	J. Ruffini.
La Loi de Dieu	Ch. Deslys.
La Lutte électorale	J. Ferry.
Madame Claude	Eug. Muller.
Mademoiselle Million	Mme Rattazzi.
Les Majorats littéraires	P.-J. Proudhon
Manuel du chasseur au chien d'arrêt	L. de Curel.
Le Manuscrit de ma Cousine	H.-T. Leidens.
Les Marchands de Santé	Pierre Véron.
Marcof le Malouin	E. Capendu.
Mariages d'aventure	Em. Gaboriau.
Un Mari mystifié	O. Audouard.
Le Mariage du Vicaire	Pierre Lefranc
Les Marionnettes de Paris	Pierre Véron.
Les Maris-Garçons	A. de Kéraniou.
Le Marquis de Loc-Ronan	Ernest Capendu.
Les Martyrs de l'Amour	Louis Jourdan.
La Mascarade humaine	Barrillot.
Les Massacres de Galicie	L. Chodzko.
Mémoires d'un chasseur de renards	A. de Vaubicourt.
Mémoires d'une femme de chambre	***
Méryem	Camille Périer.
Le Mexique, Havane et Guatemala	A. de Valois.
Le Monde spirituel	Caudemberg.
Le Monde des Coquins	Moreau-Christophe.
Monsieur Personne	Pierre Véron.
La Morale universelle	De Guldenstubbe.
Mœurs et coutumes de la vieille France	Mary Lafon.
La Muscadine	H. Vié.
Une Nichée de gentilshommes	I. Tourguénef.
Notice sur Beethoven	A.-F. Legentil.
Un nouveau Droit européen	T. Mamiani.
Nouvelles espagnoles	C. Habeneck.
Nuit de veille d'un prisonnier d'Etat	Aloys. Huber.
Les Nuits de la Maison Dorée	Ponson du Terrail.
L'Œil noir et l'œil bleu de Mlle Diane	Léon Gozlan.
Où est la Femme?	A. Dupeuty.
Paris	Gust. Claudin.
Paris au gaz	Julien Lemer.
Paris Effronté	Mané.
Paris mystérieux	Mané.
Paris s'amuse	Pierre Véron.
Le Paris viveur	Mané.
Le Parti dévot	Ch. Sauvestre.
Pasquin et Marforio	Mary Lafon.
Les Paysans russes	A. Lestrelin.
La Pêche d'un mari	Hippol. Lucas.
Le Père aux bêtes	A. Martin.
Le Perron de Tortoni	J. Lecomte.
Les Petits mystères de l'hôtel des Ventes	H. Rochefort.
La Philosophie ancienne retrouvée	E. Hannotin.
Un Philosophe au coin du feu	L. Jourdan.
Philosophie magnétique	A. Morin.
Le Pirate du Saint-Laurent	H.-E. Chevalier
Poëmes	L. Mesnard.
Poëmes du Foyer	L. Audiffret.
Poésies populaires serbes	A. Dozon.
Portraits du XVIIIe siècle. 2 vol	De Goncourt.
Le Premier Amour d'une jeune fille	Lardin et Mie d'Aghonne.
Les quatre filles Aymon	L. d'Hura.
Les quatre coins de Paris	Léo Lespès.
Quatorze de Dames	A. du Casse.
Quelques vérités utiles	***
Raymond	C. de Mouy.
Récits bretons	A. d'Amezeuil.
La Régence galante	A. Challamel.
Religion des imbéciles	H. Monnier.
De la Représentation nationale en France	J. Guadet.
La Réputation d'une femme	Mme Rattazzi.
Les Requins de l'Atlantique	H.-E. Chevalier.
Rêves poétiques	A. de Montvaillant.
Les Révolutions du Mexique	Gabriel Ferry.

LIBRAIRIE DE E. DENTU.

Collection in-18 à 3 fr. le volume. *(Suite.)*

Le Roman de la femme à barbe............	P. Véron.
Le Roman de Molière..	Ed. Fournier.
Les Romanciers grecs et latins...........	Vict. Chauvin.
Ruses d'Amour.......	Em. Gaboriau.
Un Sauvage à Paris	Fourcade Prunet
Le Socialisme pendant la Révolution......	Am. Le Faure.
Le Solitaire de la Tour d'Avance..........	Du Gout d'Albret.
Les Souffre-Plaisir...	Pierre Véron.
Souvenirs des Campagnes d'Italie et de Hongrie............	De Pimodan.
Souvenirs d'un médecin de Paris...........	H. Mettais.
Souvenirs de Voyage et de Guerre.........	M. Kamienski
Souvenirs et impressions littéraires.....	George Sand.
Souvenirs d'un voyage au Mexique.......	Elisa Zeiller.
Les Stations d'un touriste...............	A. de Bernard.
Les Strauss français..	M. de Plasman.
Superstitions du paganisme renouvelées...	***
Sylvie..............	E. Feydeau.
La Syrie, la Palestine et la Judée.........	Laorty-Hadji.
Les Travailleurs de Septembre...:.....	Horace de Vieil-Castel.
Trente-neuf hommes pour une femme....	H.-É. Chevalier
Tribulations d'un joyeux monarque...	Antony Méray
Les Tricheurs........	De Caston.
Le Troupier tel qu'il est	Dubois de Gennes.
Valdieu.............	M.-L. Duval.
Les Valets de grande maison.,.........	A. de Kéraniou.
La Vénerie contemporaine. 2 vol........	De Foudras.
Le Vieux Musicien...	A. Mazon.
Une Voiture de masques...............	De Goncourt.
Voilà l'homme.......	Isabine de Myra
Une Voix dans la solitude..............	A. du Clésieux.
Voltaire et madame du Châtelet..........	D'Albanès Havard.
Voyage autour d'une Volière (illustré)....	Lacombe.
Les Zouaves de la Mort	H. Augu.

Collection in-18, à 3 fr. 50 c. le volume.

Adam Bede. 2 vol....	George Eliot.
L'Angleterre et la vie anglaise...........	A. Esquiros.
Blanche de Lausanne.	A. Désandré.
La Chasse au Chien d'arrêt............	A. de la Neuville.
Le Christianisme unitaire..............	W. Channing.
Le Christianisme et le suffrage universel.	B. de Renusson.
Le Comte de Raousset-Boulbon...........	De Lachapelle.
Confidences de la vingtième année....	Marius Fontaine.
Les Epaves..........	A. Lacaussade.
De l'Esclavage......;	W. Channing.
Excentricités du langage..............	Lorédan-Larchey.
La Guerre et la Paix. 2 vol.............	P.-J. Proudhon
Guide pratique du fermier et de la fermière	Mme Millet-Robinet.
Histoire de Jeanne-Darc..............	Villiaumé.
Hist. des classes privilégiées. 2 vol.....	L. de Givodan.
Hommes et choses de divers temps.......	Ch. Romey.
Iambes et Poëmes....	Aug. Barbier.
L'Immortalité........	A. Dumesnil.
L'Italie des Italiens. 4 vol..............	Louise Colet.
Le Jardin d'amour...	P. de l'Isle.
Jules César.........	Aug. Barbier.
Légendes et poëmes scandinaves.......	S. M. Charles XV de Suède
Lettres inédites du comte de Cavour...	Ch. de la Varenne.
Magie du XIXe siècle, Ténèbres..........	A. Morin.
Mémoires d'un Bibliophile.............	Tenant de Latour.
Le Mexique.........	Désiré Charnay
Les Mystères du désert. 2 vol.............	Du Couret.
Œuvres sociales.....	W. Channing.

Collection in-18 à 3 fr. 50 c. le volume. (Suite.)

Paris moderne	Couturier de Vienne.
Pétersbourg et Moscou	Léon Godard.
Pie IX	A. de St.-Albin.
Poëmes et Paysages	A. Lacaussade.
Poésies	C. Michaux.
Poésies diverses	Aug. Barbier.
La Pologne martyre	J. Michelet.
Portrait intime de Balzac	Ed. Werdet.
Du Principe fédératif	P.-J. Proudhon
Révélations sur ma vie surnaturelle	Daniel Home.
Rimes légères, chansons et odelettes	Aug. Barbier.
Le Roi Victor-Emmanuel	Ch. de la Varenne.
La Scandinavie	G. Lallerstedt.
Sonnets, Iambes et Ballades	E. de Sars.
La Sorcière	J. Michelet.
Souvenirs du marquis de Valfons	De Valfons.
Tableau du vieux Paris, les Spectacles populaires	Victor Fournel
Théorie de l'impôt	P.-J. Proudhon
Traités religieux	W. Channing.
Voyage aux Alpes	M. Dargaud.
Voyage en Auvergne	Louis Nadeau.

OUVRAGES ILLUSTRÉS:

L'Afrique du Nord	Jules Gérard.
Une Aventure sur la mer Rouge	Louis Deville.
Le Chemin de l'Epaulette	Aug. Lecomte.
Curiosités de la Cité de Paris	F. Heuzey.
La Gerbée	Michel Masson.
Hist. anecdot. des cafés et cabarets de Paris	Alfred Delvau.
Le Mangeur d'hommes	Jules Gérard.
Les Mystères du Sérail	Olympe Audouard.
Nouvelles Scènes de la vie russe	I. Tourguénef.
Nouveaux Souvenirs de chasse et de pêche	Louis de Dax.
Les Nuits de Rome	J. de St-Félix.
Les Princesses russes prisonnières au Caucase	Éd. Merlieux.
Les Résidences royales de la Loire	Jules Loiseleur
Quatre mois de l'expédition de Garibaldi en Sicile et en Italie	Durand-Brager.
Souvenirs d'un vieux chasseur d'Afrique	Ant. Gandon.
Tonton, tontaine, tonton	Léon Bertrand

Collection in-18, à 4 fr. le volume.

Chiromancie nouvelle	Ad. Desbarrolles.
Corneille à la Butte Saint-Roch	Ed. Fournier.
La Dame au manteau rouge	A. Pommier.
France, Rome, Italie	Jules Favereau.
Histoire de la Musique en France	Charles Poisot.
Lettres de Silvio Pellico	A. de Latour.
Les Maîtresses du Régent	M. de Lescure.
La Peinture en France (illustré)	O. Merson.
Poëmes et chants marins	G. de la Landelle.
Rêves de Jeunesse	Jenny Sabatier.
Souvenirs de France et d'Italie	J. d'Estourmel.
La Vie et la Mort de Charles-Albert	Louis Cibrario.

BIBLIOTHÈQUE DU THÉATRE MODERNE

Nos Alliées, comédie en trois actes, de M. Pol Moreau. 2 »

L'Alphabet de l'Amour, comédie-vaudeville en un acte, de M. Eugène Moniot. 1 »

L'Auteur de la pièce, comédie-vaudeville en un acte, de MM. Varin et Michel Delaporte. 1 »

Un Avocat du beau sexe, comédie-vaudeville en un acte, par MM. Siraudin et Choler. 1 »

Les Bienfaits de Champavert, comédie-vaudeville en un acte, par M. Henri Rochefort. 1 »

Les Balayeuses, comédie en un acte, mêlée de chants, de M. Marc Michel. 1 »

Un Bon tiens vaut mieux que deux tu l'auras, proverbe par mademoiselle Jenny Sabatier. 1 »

Le Bouchon de carafe, vaudeville en un acte, de MM. Dupuis et Eugène Grangé. 1 »

Célimare le Bien-Aimé, comédie-vaudeville en trois actes, de MM. Labiche et Delacour. 2 »

La Chanson de la marguerite, ou un peu, beaucoup, passionnément, vaudeville en deux actes et quatre tableaux, par MM. A. Delacour et Henri Thiéry. 2 »

La Chercheuse d'esprit, opéra-comique en un acte de Favart, remanié par Charles Hérald, musique arrangée par M. Pilvestre. 1 »

La Commode de Victorine, comédie-vaudeville en un acte, par MM. Eugène Labiche et Edouard Martin. 1 »

La Comtesse Mimi, comédie en trois actes, par MM. Varin et Michel Delaporte. 2 »

Corneille à la Butte Saint-Roch, comédie en un acte, en vers, par M. Édouard Fournier. 2e édition. 1 »

Les Coups d'épingle, comédie en trois actes, par Ernest Capendu. 2 »

La Dame au petit chien, comédie-vaudeville en un acte, par MM. Labiche et Dumoustier. 1 »

Dans mes meubles, vaudeville en un acte, de M. J. Prével. 1 »

La dernière Grisette, vaudeville en un acte, par M. P. Deslandes. 1 »

Le Dernier Couplet, comédie en un acte, par M. Albert Wolff. 1 »

Le Doyen de Saint-Patrick, drame en cinq actes, de MM. de Wailly et Louis Ulbach. 2 »

Eh! allez donc, Turlurette! revue de l'année 1862, mêl. de coupl., en 3 act. et 9 tabl., par MM. Th. Cogniard et Clairville. 1 50

En ballon, revue en trois actes et quatorze tableaux, par MM. Clairville et J. Dornay. In-4, avec vignette. » 50

La Fanfare de Saint-Cloud, opérette en un acte, de M. Siraudin, musique de M. Hervé. 1 »

La Femme coupable, drame en cinq actes, de M. Eugène Nus. 2 »

La Fiancée du roi de Garbe, opéra-comique en trois actes, de MM. Scribe et de Saint-Georges, musique de M. Auber. 2 »

La Fille bien gardée, comédie-vaudeville en un acte de MM. E. Labiche et Marc-Michel. 2e édit. 1 »

La Fille de Molière, comédie en un acte, en vers, par M. Édouard Fournier. 1 »

Les Finesses de Bouchavanes, comédie en un acte, mêlée de

Bibliothèque du théâtre moderne. (*Suite.*)

chant, par MM. Marc-Michel et Ad. Choler. 1 »

La Fleur du Val-Suzon, opéra-comique en un acte, paroles de M. Turpin de Sansay, musique de M. George Douay. 1 »

L'Homme de rien, comédie en quatre actes de M. Aylie Langlé. 2 »

L'Homme du Sud, à-propos burlesque, mêlé de couplets, par MM. Rochefort et A. Wolff. 1 »

L'Homme entre deux âges, opérette en un acte, par M. Emile Abraham, musique de M. Henri Cartier. 1 »

L'Hôtesse de Virgile, comédie en un acte, en vers, par M. Edouard Fournier. 2 »

Les Illusions de l'Amour, comédie en un acte et en vers, par Ernest Serret. 1 »

Il n'y a pas d'amour sans jalousie et de jalousie sans amour, comédie en un acte et en prose, par Mme Olympe Audouard. 1 »

J'veux ma Femme, vaudeville en un acte, de M. J.-J. Montjoye. 1 »

Lâchez tout! revue en trois actes et quinze tableaux, par MM. E. Blum et A. Flan, in-4, avec vignette. » 50

Léonard, drame en cinq actes et sept tableaux, par MM. Edouard Brisebarre et Eugène Nus. 2 »

La Loge d'Opéra, comédie en un acte, par M. Jules Lecomte. 1 »

Macbeth (de Shakspeare), drame en cinq actes, en vers, par M. Jules Lacroix. 2e édit. 2 »

La Malle de Lise, scènes de la vie de garçon, par M. Edouard Brisebarre. 1 »

Le Mariage de Vadé, comédie en vers, en trois actes et un prologue, par MM. Amédée Rolland et Jean Du Boys. 2 »

Les Médecins, pièce en cinq actes, par MM. E. Nus et E. Brisebarre. 2 »

Le Minotaure, comédie en un acte, de MM. Clairville et A. de Jallais. 1 »

Misanthropie et Repentir, drame de Kotzebue, traduction nouvelle en quatre actes, en prose, de M. Alphonse Pagès. 1 50

Mon-joie fait peur, parodie de famille en un acte, par MM. Siraudin et Ernest Blum. 1 »

Un Monsieur qui a perdu son mot, comédie-vaudeville en un acte, de M. Jules Renard. 1 »

Monsieur de la Raclée, scènes de la vie bourgeoise, par MM. E. Brisebarre et E. Nus. 1 »

Les Mousquetaires du Carnaval, folie-vaudeville en trois actes, par MM. Grangé et Lambert-Thiboust. 1 50

Une Niche de l'Amour, comédie-vaudeville en un acte, par M. Victor Koning. 1 »

Les Pantins éternels, pièce en trois actes et six tableaux, par MM. Clairville et Jules Dornay. 1 50

Le Paradis trouvé, comédie en un acte, en vers, par MM. Edouard Fournier et Pol Mercier. 1 »

Pataud, vaudeville en un acte, de M. Paulin Deslandes. 1 »

Pauvre père, vaudeville en un acte, de M. V. Ratier. 1 »

Permettez, madame! comédie en un acte, de MM. E. Labiche et Delacour. 1 »

Les Perruques, parodie-revue en deux actes et trois tableaux,

Bibliothèque du théâtre moderne. (*Suite.*)

par MM. Siraudin, Delacour et Blum. 1 »

Nos Petites Faiblesses, comédie en deux actes, de MM. Clairville, Henri Rochefort et Octave Gastineau. 1 »

Les Petits oiseaux, comédie en trois actes, par MM. Eugène Labiche et Delacour. 2 »

Le Pifferaro, comédie-vaudeville en un acte, par MM. Siraudin, Alfred Duru et Henri Chivot. 1 »

Le Pilotin du grand Trois-Ponts, opéra-comique en un acte, paroles de M. Charles Etienne, musique de M. Auguste L'Éveillé. 1 »

Les Plantes parasites, ou la Vie en famille, comédie en quatre actes, par M. Arthur de Beauplan. 2 »

Le Portrait de la jardinière ou la fin justifie les moyens, par Mme la comtesse du Mouzay. 1 »

Le Premier pas, comédie en un acte, par MM. Labiche et Delacour. 1 »

Les Projets de ma Tante, comédie en un acte, en prose, par M. Henri Nicolle. 2e édit. 1 »

Le Propriétaire à la porte, vaudeville en un acte de M. Siraudin. 1 »

Prudence est Sûreté, proverbe en un acte, de M. Eugène Moniot. 1 »

Les Relais, comédie en quatre actes et en prose, par M. Louis Leroy. 2 »

La Revue au cinquième étage, à propos en trois tableaux, par MM. Clairville, Siraudin et Blum. 1 »

Les Scrupules de Jolivet, vaudeville en un acte, par M. Raimond Deslandes. 1 »

Les Secrets du grand Albert, comédie en deux actes, mêlée de couplets, par MM. Eugène Grangé et H. Rochefort. 1 »

Une Semaine à Londres, voyage d'agrément et de luxe, folie-vaudeville en trois actes et onze tableaux, par MM. Clairville et Jules Cordier. 1 50

La Servante Maîtresse, opéra-comique en deux actes, paroles de Baurans, musique de Pergolèse. 1 »

Sous les Toits, vaudeville en un acte, de M. Jules Prével. 1 »

Un Ténor pour tout faire! opérette en un acte, par MM. Varin et Michel Delaporte, musique de M. Victor Robillard. 1 »

Les Trente-sept Sous de M. Montaudoin, comédie-vaudeville en un acte, de MM. Labiche et Édouard Martin. 1 »

Trois chapeaux de femme, comédie-vaudeville en un acte, par MM. A. Lafargue et Siraudin. 1 »

Trois Hommes à jupons ou l'amour et la teinture, vaudeville en un acte, par M. Carmouche. 1 »

Les Voisins Vacossard, comédie-vaudeville en un acte, par M. Marc-Michel. 1 »

Le Vrai courage, comédie en deux actes, par MM. Belot et Raoul-Bravard. 1 »

Zémire et Azor, opéra-comique en quatre actes, par Marmontel, musique de Grétry. 1 «

Le Zouave de la Garde, drame en 5 actes et 7 tableaux, par MM. Moreau et J. Dornay, in-4, avec vignette. » 50

EXTRAIT DU CATALOGUE

DE LA

Librairie E. DENTU, Palais-Royal,

17 ET 19, GALERIE D'ORLÉANS, 17 ET 19.

Abécédaire du Salon de 1861, par THÉOPHILE GAUTIER. 1 beau vol. grand in-18 jésus. 3 »

Abeille, par ALPHONSE DEQUET, 1 charmant vol. in-32. 1 »

Abrégé de la vie de Jésus-Christ, par BLAISE PASCAL. Publié par M. PROSPER FAUGÈRE, d'après un manuscrit récemment découvert. 1 petit vol. in-8°. 1 50

Les Actrices, par EDMOND et JULES DE GONCOURT. 1 charmant vol. in-32. » 50

Adam Bede, par GEORGE ELIOT, traduit de l'anglais par F. D'ALBERT-DURADE. 2 vol. grand in-18 jésus. 7 »

L'Afrique du Nord. Histoire, administration, colonisation, chasses, etc., par JULES GÉRARD, le Tueur de lions. 3ᵉ édit. 1 beau vol. gr. in-18 jésus, illustrations de J.-A. BEAUCÉ. 3 50

Aimée, par PAUL FÉVAL. 2ᵉ édit. 1 joli vol. gr. in-18 jésus. 3 »

Les Aissaoua, ou les Charmeurs de serpents. Mystères de la religion des Arabes dévoilés, par le docteur JULES DAVASSE. Brochure grand in-8°. 2 »

L'Algérie française. Histoire, mœurs, coutumes, agriculture, industrie, botanique, par ARSÈNE BERTEUIL, ancien pharmacien en chef des hôpitaux militaires en Algérie, dessins par GEORGES FATH. 2 vol. in-8°. 15 »

Almanach de la Cour, de la Ville et des Départements. Cet ouvrage paraît tous les ans depuis 1806 en un joli vol. in-32 jésus, format de poche, orné de figures.—Prix, broché : 2 »
Cart., doré sur tranches. 3 »

L'Amant de carton, par madame MATHILDE STEV***, 1 joli vol. grand in-18 jésus, orné d'une photographie. 3 »

L'Ame au point de vue de la science et de la raison, par J.-P. CHEVALIER. Nouv. édit. entièrement refondue. 2 vol. grand in-18 jésus. 6 »

L'Ami de l'Eleveur. Réflexions pratiques sur l'espèce chevaline, A B C du métier, par le comte DE LASTIC-SAINT-JAL. 1 vol. grand in-8°, orné de 16 lithographies de VICTOR ADAM. 8 »

L'Amour bossu, par HENRY DE KOCK. 1 vol. grand in-18 jésus, orné d'une eau-forte de FLAMENG. 3 »

De l'Amour des Femmes pour les Sots. 1 vol. in-18. — **De l'Amour des Sots pour les Femmes d'esprit.** 1 vol in-18. — **Menus propos sur l'Amour des Femmes pour les Sots.** 1 vol. in-18. — **Doit-on pleurer sa Femme ?** 1 vol. in-18. Chaque vol. : » 75

L'Amour et l'Honneur, par *Elle* et *Lui*. 1 vol. gr. in-18. 2 »

L'Amour par les grands écrivains, avec une introduction par JULIEN LEMER. 1 charmant volume grand in-18 jésus. 3 »

Les Amours buissonnières, par ALFRED DELVAU. 1 vol. gr. in-18 jésus. 3 »

Les Amours de Geneviève, par FORTUNIO, avec une préface d'ÉMILE DESCHAMPS. 1 vol. grand in-18 jésus. 3 »

Les Amours sincères, par EMILE LECLERCQ. 4 vol. grand in-18 jésus. — Tome I : La Première séve ; — Tome II : Le dernier Troubadour ; — Tome III : Sœur Virginie ; — Tome IV : La Fille du cabaretier. Chaque volume. 2 50

Les Amours de Village, par madame VICTORINE ROSTAND. 1 vol. grand in-18 jésus. 3 »

Un Amour vrai, par madame LOUISE VALLORY. 1 vol. grand in-18 jésus. 3 »

Sur l'Amour de M. Michelet. Critique à vol d'oiseau, par mademoiselle ZILIA MICHELET, danseuse. 1 vol. in-18. 1 »

L'Ancienne Chevalerie de Lorraine. Documents inédits publiés par VICTOR BOUTON, peintre héraldique et paléographe. 1 vol. grand in-18 jésus, orné de figures. 5 »

Les Anglais, Londres et l'Angleterre, par L.-J. LARCHER, avec une préface par M. EMILE DE GIRARDIN. 1 vol. grand in-18 jésus. 3 »

L'Angleterre et la Vie anglaise. — Le Sel dans le Royaume-Uni. — Les petits Métiers de Londres. — Les Ecoles militaires. — L'Arsenal de Wolwich. — L'Armée britannique. — Les Volontaires, par ALPHONSE ESQUIROS. 1 vol. grand in-18 jésus. 3 50

L'Année anecdotique, petits Mémoires du temps, par FÉLIX MORNAND. 1 vol. grand in-18 jésus. 3 »

Anniversaires royalistes, par ALEXANDRE RÉMY. 1 vol. grand in-18 jésus. 3 »

Annuaire de la Charité, par E. KNŒPFLIN. 1 vol. grand in-18 jésus. 3 »

Annuaire historique et généalogique de la province de Languedoc, par LOUIS DE LA ROQUE. 1 vol. grand in-8°. 5 »
—Deuxième année (1863). 1 vol. grand in-8°. 5 »

Annuaire de la Noblesse de France et des Maisons souveraines de l'Europe, publié par M. Borel d'Hauterive, archiviste-paléographe. Cet ouvrage paraît tous les ans depuis 1843 ; chaque année forme 1 vol. grand in-18 jésus de 400 pages, orné de figures, et se vend séparément. Planches noires. 5 » Coloriées. 8 »

Antoinette, par A. Cok. 1 vol. grand in-18 jésus. 3 »

Antiquité des Patois. Antériorité de la langue française sur le latin, par M. A. Granier de Cassagnac. Broch. in-8°. 1 »

Apollino, par J.-B. Bassinet. 1 vol. grand in-18 jésus. 2 25

Apologie chrétienne au XIX° siècle. Le Dogme chrétien dans ses rapports avec la doctrine moderne du progrès et de la perfectibilité, conférences prêchées en 1863, par l'abbé J.-H. Michon. 1 vol. grand in-18 jésus. 3 »

Les Armes et le Duel, par A. Grisier, chevalier de la Légion d'Honneur, etc., professeur d'armes de la Maison de S. M. l'Empereur, des Cent-Gardes, etc. Ouvrage agréé par S. M. l'Empereur de Russie. Préface anecdotique par Al. Dumas ; notice sur l'auteur par Roger de Beauvoir ; épître en vers de Méry. Dessins de E. de Beaumont ; portrait par E. Lassalle. 3° édit. revue et augmentée. 1 magnifique volume grand in-8°. 10 »

Armorial de Flandre, du Hainaut et du Cambrésis. Recueil officiel dressé par ordre de Louis XIV (1696-1710), publié d'après les manuscrits de la Bibliothèque impériale, par M. Borel d'Hauterive. 1 vol. grand in-8°. 16 »

Armorial de la Noblesse de Languedoc. Généralité de Montpellier, par Louis de la Roque. 2 vol. grand in-8° ornés de 400 armoiries gravées intercalées dans le texte. 40 »
En cours de publication : *Généralité de Toulouse.* 2 fr. la livraison ; l'ouvrage sera complet en 20 livraisons.

L'Art au XVIII° siècle, études par MM. Edmond et Jules de Goncourt, accompagnées de belles gravures à l'eau-forte. En vente : *les Saint-Aubin, Watteau, Prudhon, Boucher, Greuze.* En préparation : Chardin, Latour, Clodion, Fragonard, etc. Chaque étude forme une livraison in-quarto imprimée à Lyon, chez Perrin, et tirée sur papier vergé à 200 exemplaires seulement.
La livraison avec gravures. 5 »

L'Art dans la rue et l'Art au Salon, par B. de Lespinois, préface de A. Houssaye. 1 vol. grand in-18. 2 »

L'Art de la Beauté, par Lola Montez, comtesse de Landsfeldt ; préface et notes par H.-Émile Chevalier. 1 vol. grand in-18 jésus. 2 »

L'Art de converser et d'écrire chez la Femme, par Paul Leconte. 3° édit. 1 charmant vol. grand in-18 jésus. 2 50

L'Art de la Correspondance. Nouveau manuel complet théorique et pratique du style épistolaire et des divers genres de correspondance ; suivi de modèles de lettres familières pour tous les usages de la correspondance, par Bescherelle jeune. 2 vol. grand in-18 jésus. 6 »

L'Art de dompter les chevaux, par J.-S. RAREY, le dompteur. Traduit et précédé d'une Introduction par F. DE GUAITA. 10ᵉ édit. 1 vol. in-18.   1 »

L'Art des jardins, ou études théoriques et pratiques sur l'arrangement extérieur des habitations, suivies d'un essai sur l'architecture rurale, les cottages et la restauration pittoresque des anciennes constructions, par le comte DE CHOULOT. 2 livr. in-4 parues.   5 50

L'Art et les Plaisirs de la Chasse au lièvre, six lettres adressées à une personne de qualité, par SMALLMAN GARDINER, traduites de l'anglais par LÉONCE DE CUREL. 1 volume grand in-18 jésus, orné de gravures sur bois.   3 »

L'Art théâtral, par M. SAMSON, de la Comédie-Française. Première partie. Un magnifique volume grand in-8° imprimé avec luxe et accompagné de portraits photographiés par FRANCK d'après les originaux.   10 »
La deuxième partie est *sous presse.*

De l'Autorité dans les Sociétés modernes, *ou* Examen comparatif du principe révolutionnaire et du principe chrétien, par BLOT-LEQUESNE, avocat à la Cour impériale. 1 vol. in-8°.   5 »

Autour de la Table, par GEORGE SAND. 1 vol. grand in-18 jésus.   3 »

Les Autrichiens et l'Italie, histoire anecdotique de l'occupation autrichienne depuis 1815, par CHARLES DE LA VARENNE, avec une Introduction par ANATOLE DE LA FORGE. 4ᵉ édition. 1 vol. grand in-18 jésus.   3 »

Une Aventure sur la mer Rouge, par LOUIS DEVILLE. Illustrations de C. RUDHARDT. 1 charmant vol. grand in-18 jésus. 3 50

Aviation *ou* **Navigation aérienne sans ballons,** par G. DE LA LANDELLE. 1 vol. grand in-18 jésus.   3 »

A Vol d'Oiseau. — France, Rome, Italie, par JULES FAVEREAU. 1 vol. grand in-18 jésus.   4 »

Axel et Anna, correspondance entre deux étages, par madame FREDERIKA BREMER, trad. de A. DU BOSCH. 1 vol. in-8°.   2 50

Ballades et Chants populaires de la Roumanie (Principautés Danubiennes), recueillis et traduits par V. ALEXANDRI, avec une Introduction par M. A. UBICINI. 1 vol. gr. in-18 jésus.   3 »

Le Batelier de Clarens, par JUSTE OLIVIER. 2 vol. gr. in-18 jésus.   6 »

Béranger et ses Chansons, d'après les documents fournis par lui-même et avec sa collaboration, par JOSEPH BERNARD, auteur *du Bon Sens d'un Homme de rien.* 1 vol. grand in-8°.   5 »

Bévues parisiennes.—Les Journaux, les Revues, les Livres, par le baron Gaston de Flotte. 1 vol. in-18. 3 »

Bibliothèque héraldique de la France, par M. Joannis Guigard, de la Bibliothèque impériale, comprenant la bibliographie systématique et raisonnée de tous les ouvrages qui ont paru sur le *Blason*, les *Ordres de chevalerie*, la *Noblesse*, la *Féodalité*, les *Fiefs* et les *Généalogies* concernant la France, avec notes critiques et bibliographiques. 1 beau vol. in-8° à 2 colonnes. 16 »

Les Bienfaiteurs des Pauvres au XIX° siècle, études biographiques, suivies d'un travail sur les institutions de bienfaisance et d'une nomenclature complète des dons faits aux pauvres de Paris, depuis 1800 jusqu'en 1860, par Edouard Knœpflin. 1 volume in-8°. 5 »

Blanche de Lausanne, par Amédée Désandré. 1 vol. grand in-18 jésus. 3 50

Les Bohémiennes de l'Amour, par Louis de Montchamp. 1 vol. grand in-18 jésus. 3 »

Bouche de fer, par Paul Féval. 2° éd. 1 vol. gr. in-18 jés. 3 »

La Bourse et les signes du siècle, par Eug. de Mirecourt. 2° édition. 1 vol. grand in-18 jésus. 3 »

La Bourse, ses opérateurs et ses opérations appréciés au point de vue de la loi, de la jurisprudence et de l'économie politique, par J. Bozérian, avocat. 2 vol. in-8°. 12 »

Boutades en vers, par E. Arnal. 2e édit., avec préface et notes nouvelles. 1 vol. grand in-18 jésus. 2 »

La Bûche de Noël, contes de famille, par Edouard Plouvier. 1 vol. grand in-18 jésus. 3 »

Les Cachots du Pape, par Charles Paya. 1 vol. grand in-18 jésus. 3 »

Campagnes d'Italie et de Hongrie en 1848, par un capitaine de Chevau-Légers. 1 vol. in-8° orné de 10 gravures. 3 »

Campagnes et stations sur les côtes de l'Amérique du Nord, par L. du Hailly. 1 vol. grand in-18 jésus. 3 »

Les Cantatrices célèbres, précédées des musiciens de l'Empire et suivies de la vie anecdotique de Paganini, par Marie et Léon Escudier. 1 vol. grand in-18 jésus. 3 »

Le Capitaine de la Belle-Poule, par Louis de Charolais. 1 beau vol. grand in-18 jésus. 3 »

Le Capitaine Fantôme, par Paul Féval. 3° édition, 2 volumes grand in-18 jésus. 6 »

Une Caravane parisienne égarée dans le Désert. Par Amédée Gouet. 1 vol. grand in-18 jésus, avec une vignette dessinée par J.-A. Beaucé. 2 »

Caritas, poésies, par mademoiselle Ernestine Drouet. 1 vol. grand in-18 jésus. 3 »

Catalogue des Gentilshommes qui ont pris part aux assemblées de la Noblesse en 1789, d'après les procès-verbaux officiels, publié par MM. Louis de la Roque et Edouard de Barthelemy. Chaque province forme une livraison g. in-8⁰ séparée. Prix 2 »
En vente: *Dauphiné;—Lyonnais, Forez et Beaujolais;—Provence et Principauté d'Orange;—Haut-Languedoc;—Armagnac et Quercy; —Bourgogne, Bresse, Bugey, Valromey et Principauté de Dombes; —Franche-Comté;—Lorraine et duché de Bar (2 livr.);—Champagne; —Auvergne et Rouergue;—Picardie;—Roussillon, Foix, Comminges, Couseran;—Marche et Limousin;—Touraine et Berry.*

Catherine II et son règne, par Jauffret. 2 vol. in-8⁰. 12 »

Catherine d'Overmeire, étude, par Ernest Feydeau. 4ᵉ édition, 2 vol. gr. in-18 jésus. 6 »

Le Catholicisme romain en Russie. Études historiques par M. le comte Dmitry-Tolstoy. 2 vol. grand in-8⁰. 15 »

Causeries sur les Dents naturelles et artificielles. Conseils aux mères de famille, par Dorigny, médecin-dentiste. 1 vol. in-18. 1 »

Ce bon Monsieur de Robespierre !!! Biographie anecdotique, par Charles Chabot. 1 vol. grand in-18 jésus. 1 »

Ces bons Messieurs de Saint-Vincent-de-Paul, par J.-M. Cayla. 2ᵉ édit. 1 vol. grand in-18 jésus. 3 »

Les Cent francs du Dompteur, par Léopold Stapleaux. 1 charmant vol. grand in-18 jésus. 3 »

Ce que l'on dit pendant une contredanse, par Charles Narrey. 1 vol. grand in-18 orné de figures. 2 »

Chansons complètes et poésies diverses de M. A. M. Désaugiers. Nouvelle édit. revue, augmentée et précédée d'une notice sur l'auteur et son œuvre par A. de Bougy. 1 fort vol. in-32. 1 50

Chants, anathèmes et prières, poésies par Attale du Cournau. 2ᵉ édit. 1 vol. grand in-18. 2 »

La Charité à Paris, par Jules Lecomte. Nouv. édit. 1 vol. grand in-18 jésus. 3 »

Le Charnier des Innocents, par Julien Lemer. 2ᵉ édit. précédée d'une lettre de Victor Hugo. 1 vol. grand in-18 jésus. 3 »

La Chasse au Chien d'arrêt, par Adolphe de la Neuville. Nouv. édit. revue et augmentée. 1 vol. grand in-18 jésus. 3 50

La Chasse aux Blancs, (mœurs parisiennes), par Léopold Stapleaux, précédé d'une préface de Paul d'Ivoi. 1 vol. grand in-18 jésus. 2 »

La Chasse et les Chasseurs, études cynégétiques, souvenirs, etc., par Léon Bertrand. 1 charmant vol. grand in-18 jésus orné d'une vignette. 3 »

Les Chasses sauvages de l'Inde, par Germain de Lagny. 1 vol. grand in-18 jésus. 3 »

Le Château de Colombes, par Arthur Ponroy. 1 volume grand in-18 jésus. 3 »

Le Chemin de l'épaulette, histoire de l'Enrôlé volontaire, par M. Aug. Lecomte, chef d'escadrons en retraite, officier de la Légion d'honneur. 2e édit. 1 beau vol. grand in-18 jésus, illustré de jolies vignettes dessinées par Worms. 3 50

Le Cheval anglais, extrait du *Manuel du Sport* publié à Londres par Stenehenge, avec tables généalogiques, trad. de l'angl. par le comte de Lagondie, colonel d'ét.-maj. 1 vol. in-8° avec fig. 7 50

Chez Victor Hugo, par un passant, avec douze eaux-fortes par M. Maxime Lalanne. 1 vol. in-8°. 6 »

Childe Harold, poëme de lord Byron, traduit en vers français, par Lucien Davésiès de Pontès, avec le texte anglais. 2 vol grand in-18 jésus. 6 »

Chrétienne et Musulman, par l'auteur de *Perdita*. 1 beau vol. grand in-18 jésus. 3 »

Le Christianisme et le suffrage universel. Adressé à S Exc. Mgr. Donnet, cardinal-archevêque de Bordeaux, par B. de Renusson. 1 vol. grand in-18 jésus. 3 50

Chronologie universelle de la Civilisation, ou Histoire de la Civilisation résumée dans son progrès moral et industriel, par R. Fédérici. 1 petit vol. grand in-18 jésus. » 50

Les Cigarettes, poésies par Victor Mabille. 3e édit. 1 vol. in-18 jésus. 1 »

Les Cinq Langues, ou le Français, l'Anglais, l'Allemand, l'Espagnol et l'Italien, véritablement parlés en 60 leçons, par une méthode unique, à la portée de tout le monde. Par Bescherelle jeune. 4 forts vol. in-12 à deux colonnes. 24 »

La Clef du Temps, météorologie, par Granday. 1 vol. grand in-18. 1 »

Clément d'Alexandrie, sa doctrine et sa polémique, par l'abbé J. Cognat. 1 beau vol. in-8°. 6 »

Les Clubs et les Clubistes, histoire complète des clubs fondés à Paris depuis la Révolution de 1848. Ouvrage contenant des détails inédits sur l'esprit, les tendances et les actes de plus de 3,000 clubistes, par ALPHONSE LUCAS. 2ᵉ édit. 1 fort vol. grand in-18 jésus. 2 »

Code de la Noblesse française, *ou* Précis de la législation sur les titres, les épithètes, les noms, les armoiries, la particule, etc., par le comte P. DE SÉMAINVILLE, ancien magistrat. 2ᵉ édition. 1 vol. in-8°. 10 »

Les Comédies parisiennes, par ELIACIN GREEVES. 1 vol. grand in-18 jésus. 3 »

Les Comédiennes adorées, par ÉMILE GABORIAU. 1 vol. grand in-18 jésus, orné d'un beau portrait gravé. 3 »

Comment aiment les Femmes, par VALERY VERNIER, avec une préface par ARSÈNE HOUSSAYE. 3ᵉ édit. 1 vol. gr. in-18 jésus, orné d'une jolie gravure à 2 teintes. 3 »

Comment aiment les Hommes, par madame OLYMPE AUDOUARD. 2ᵉ éd. 1 vol. grand in-18 jésus orné du portrait de l'auteur. 3 »

Comment on aime, par ÉTIENNE ÉNAULT. 2ᵉ édit. 1 joli vol. grand in-18 jésus. 3 »

Comment on convertit un Mari. Lettres philosophiques et religieuses, par M. de PLASMAN, ancien magistrat. 1 vol. grand in-18 jésus. 2 50

Du Commerce de la Boucherie et de la Charcuterie de Paris, par L.-CH. BIZET, conservateur des Abattoirs. 1 fort vol. in-8°. 4 »

Le Comte de Raousset-Boulbon et l'expédition de la Sonore. Correspondance, souvenirs et œuvres inédites, publiés par A. DE LACHAPELLE. 1 vol. grand in-18 jésus, avec portrait et carte. 3 50

Les Confessions de l'abbesse de Chelles, fille du Régent, par M. DE LESCURE. 1 beau vol. in-18 orné d'un portr. inédit. 3 »

Confidences sur la Turquie, par DESTRILHES. 2ᵉ édit. revue et augmentée. 1 vol. in-8°. 1 »

Confidences de la vingtième année, par MARIUS FONTAINE. 1 vol. grand in-18 jésus. 3 50

Congrès de Vienne. Acte principal et traités additionnels. Édit. complète, collationnée sur les documents officiels. 1 vol. in-8°. 1 50

Contes du Foyer, par Alfred Cauwet. 1 vol grand in-18 jésus. 2 »

Contes kosaks de Michel Czaykowski, aujourd'hui Sadyk-Pacha, traduits par W. M****. 1 vol. grand in-18 jésus. 3 »

Contes et Profils normands, par Auguste-Marc Bayeux. 1 vol. grand in-18 jésus. 3 »

Contes populaires de la Gascogne, par Cenac-Moncaut. 1 vol. grand in-18 jésus. 2 »

Contes populaires de la Norvége, de la Finlande, et de la Bourgogne, suivis de poésies norwégiennes imitées en vers, par E. Beauvois. 1 vol. in-18. 3 »

Corneille à la Butte Saint-Roch, comédie en un acte, en vers, précédée de notes sur la vie de Corneille d'après des documents nouveaux, par Édouard Fournier. 1 charmant vol. elzévir, petit in-8° vergé, orné d'une jolie vignette et tiré à petit nombre. 4 »

Correspondance inédite de L.-C. de Saint-Martin (Le Philosophe inconnu) avec le baron de Kirchberguer, publiée par L. Schauer. 1 vol. grand in-8°. 8 »

Les Cotillons célèbres, histoire anecdotique des maîtresses des rois de France, par Emile Gaboriau. 2ᵉ édit. 2 vol. grand in-18 jésus, ornés de deux portraits. 6 »
— Exempl. d'amateur avec 10 portraits. 12 »

Les Coulisses parisiennes, par Victor Koning, avec une préface d'Albéric Second. 1 vol. grand in-18 jésus. 3 »

Les Coups d'épingle, par Ernest Capendu. 1 vol. grand in-18 jésus. 3 »

Les Cours galantes, par Gustave Desnoiresterres.

Tome I : L'Hôtel de Bouillon, la Folie-Rambouillet, le château d'Anet, le Temple.

Tome II : Roissy, l'Hôtel de Mazarin, Chantilly, le palais Mancini, la cour de Zell.

Tome III : Le château de Clagny, l'hôtel La Touanne, l'hôtel Boisboudrand, la maison de Sonning, la Butte Saint-Roch.

Tome IV et dernier : Le château de Saint-Maur, la cour de Sceaux, Chatenay, l'hôtel de madame de Lambert, la maison de Clichy.
4 jolis vol. in-18. 12 »

La Cour de Russie il y a cent ans (1727-1783). Extraits des dépêches des ambassadeurs anglais et français. 3e édition. 1 volume in-8°. 7 50

Les Courses de Taureaux expliquées. Ouvrage illustré de lithographies représentant les passes du combat, par ODUAGA-ZOLANDE. 1 vol. in-8°. 5 »

Les Cousines de Satan, par JULES DE SAINT-FÉLIX. 1 vol. grand in-18 jésus. 3 »

Cris de guerre et devises des Etats de l'Europe, des provinces et villes de France, des familles nobles de France, d'Angleterre, des Pays-Bas, d'Italie, de Belgique, etc., des abbayes et des chapitres nobles, des ordres civils et militaires, etc., etc., par M. LE COMTE DE C..... 1 vol. in-18. 1 50

Critique contemporaine. Deux années de quinzaines littéraires, par EDOUARD DE BARTHÉLEMY. 1re série. 1 vol. in-8°. 3 »

La Cuisinière des familles, ou Traité de la Cuisine domestique enseignée par des préceptes à la portée de toutes les intelligences, par F. VIDALEIN. 1 fort vol. in-8° cartonné à l'anglaise. 5 »

Le Curé du Pecq, par GUSTAVE CHADEUIL. 1 vol. grand in-18 jésus. 3 »

Curiosités de la Cité de Paris, histoire étymologique de ses rues nouvelles, anciennes ou supprimées. Recherches archéologiques sur ses antiquités, monuments et maisons remarquables, par FERDINAND HEUZEY. Illustrations de A. RACINET. 1 vol. grand in-18 jésus. 3 50

Curiosités théâtrales, anciennes et modernes, françaises et étrangères, par VICTOR FOURNEL. 1 vol. in-18. 1 50

La Dalmatie ancienne et moderne, son histoire, ses lois, ses mœurs, sa littérature, ses monuments, etc., par F.-L. LEVASSEUR. 1 vol. grand in-18 jésus, avec une carte. 2 50

La Dame au Manteau rouge, par A. POMMIER. 1 vol. grand in-18 jésus. 4 »

Dans les Bosquets. Contes, par madame CLÉMENCE BADÈRE. 1 joli vol. grand in-18 jésus. 2 »

Découvertes et conquêtes du Portugal dans les deux mondes, par le baron ÉDOUARD DE SEPTENVILLE. 1 vol. grand in-18 jésus. 3 »

Des Délits et des peines en matière de Fraudes commerciales, denrées alimentaires et boissons. Guide du vendeur et de l'acheteur, par V. EMION, avocat. 1 vol. in-18. 1 50

Le dernier Amour, par ÉTIENNE ÉNAULT. 1 vol. grand in-18 jésus. 3

EXTRAIT DU CATALOGUE.

La Dette de famille, par Amédée Gouet. 1 vol. gr. in-18 jésus, orné d'une jolie vignette dessinée par Godefroy Durand. 2 »

Deux années de séjour en Pologne, détails locaux sur l'insurrection polonaise, racontés par un témoin oculaire, madame Maria Bonin. 1 vol. grand in-18 jésus. 1 50

Dictionnaire d'Anecdotes sur les femmes, le mariage et la galanterie, par L.-J. Larcher. 1 vol. grand in-18 jésus. 2 »

Dictionnaire raisonné d'Équitation, par F. Baucher. 2ᵉ édit. 1 vol. in-8°. 4 »

Dictionnaire des Fiefs, Seigneuries, Châtellenies, etc. de l'ancienne France, contenant les noms de leurs possesseurs consécutifs et la date de leur érection en terre noble, par H. Gourdon de Genouillac. 1 beau vol. in-8°. 10 »

Dictionnaire historique des Ordres de chevalerie créés chez les différents peuples, depuis les premiers siècles jusqu'à nos jours, par H. Gourdon de Genouillac, auteur de la *Grammaire héraldique*. 2ᵉ édition, revue, augmentée et ornée d'un grand nombre de figures. 1 très-joli vol. grand in-18 jésus. 3 »
Avec figures très-soigneusement coloriées. 12 »

Dictionnaire des Pensées, Maximes, Sentences et Réflexions de M. A.-C. Payn, ancien magistrat. 1 vol. gr. in-8. 5 »

La Divinité de Jésus et M. Renan, par Ernest Merson. 1 vol. grand in-18 jésus. 2 »

Dix ans d'impérialisme en France. — Impressions d'un Flâneur. 1 vol. in-8°. 5 »

Le Docteur Antonio, par J. Ruffini, traduit par Octave Sachot. Nouvelle édit. revue et complétée. 1 vol. in-18 jésus. 3 »

Les Dogmes nouveaux, par Eug. Nus. 1 vol. gr. in-18 jésus. 3 »

Domenica, par Léon Godard. 1 charmant vol. orné de 2 eaux-fortes gravées par Flameng, d'après Jacques Leman. 3 »

Don Juan de Padilla, roman historique par le comte du Hamel, député au Corps législatif. 1 vol. grand in-18 jésus. 3 »

Les Dons de la femme, par Victor Rozier. 2 vol. in-32. 2 »

Double conversion, par Élie de Mont. 1 joli vol. grand in-18 jésus. 2 »

Un Drame à Calcutta, par A. de Bréhat. 1 vol. grand in-18 jésus. 3 »

Un Drame Électoral, par J.-M. Gagneur. 1 vol. grand in-18 jésus. 3 »

Le Drame de la Jeunesse, par Paul Féval. 2ᵉ édit. 1 vol. grand in-18 jésus. 3 »

Les Drames du Désert, scènes de la vie arabe sur les frontières du Maroc, par Léon Beynet. 1 vol. gr. in-18 jésus. 3 »

Une Drôlesse, par Jules Claretie. 1 vol. gr. in-18 jésus. 3 »

Le Duc des Moines, roman historique, par Paul Avenel. 1 joli vol. grand in-18 jésus. 3 »

La Duchesse d'Alcamo, par Emile Leclercq. 1 vol. in-8º. 2 50

Les Économistes appréciés, *ou* Nécessité de la Protection, par P.-O. Protin. 2 vol. grand in-18 jésus. 5 »

Les Élections de 1863, mémoires pour servir à l'hist. contemporaine, par Victor Pierre. 1 vol. grand in-18 jésus. 3 »

De l'Élevage du Cheval, des Courses et de l'amélioration de la race chevaline en France, par le baron de Veauce. 1 vol. in-8º avec figures. 3 »

En comptant les Étoiles, poésies par madame Amélie Perronnet. 1 joli vol. in-18. 2 »

L'Enfer des femmes, par H. Laroche et G. Fould. 1 vol. grand in-18 jésus. 3 »

Énigmes des rues de Paris, par Édouard Fournier. 1 charmant vol. in-18. 3 »

Enseignement universel. — Œuvres de J. Jacotot. — Langue maternelle, 6 fr. — Langue étrangère, 4 fr. — Musique, Dessin et Peinture, 4 fr. — Mathématiques, 4 fr. — Droit et Philosophie, 4 fr. — Mélanges posthumes, 4 f. — Manuel complet de la méthode. 4 »

Entre deux Paravents. Théâtre des salons de famille pour hommes et pour femmes, par L.-D.-L. Audiffret. 2ᵉ édit., avec les airs notés. 1 vol. grand in-18 jésus. 5 »

Les Épaves, par Auguste Lacaussade. 1 vol. grand 18 jésus. 3 50

Éphémérides polonaises. Avril, mai, juin 1863. 1 vol. grand in-18 jésus. 1 50
— Juillet, août, septembre 1863. 1 vol. grand in-18 jésus. 1 50

Épisodes militaires et politiques, Mémoires du baron de Bourgoing, ancien ambassadeur en Russie, etc. 1 vol. in-8º (*Sous presse*).

Escapades d'un Homme sérieux, par Armengaud. 2ᵉ édition. 1 vol. gr. in-18 jésus. 3 »

L'Esclavage aux États-Unis, Dean le quarteron, par HENRY GIBSTONE. 1 vol. grand in-18 jésus. 3 »

L'Espion noir, épisode inédit de la guerre actuelle d'Amérique. par H.-ÉMILE CHEVALIER et F. PHARAON. 1 vol. grand in-18 jésus. 3 »

L'Esprit dans l'histoire, recherches et curiosités sur les mots historiques, par ÉDOUARD FOURNIER. 2ᵉ édition, revue et très augmentée. 1 charmant vol. in-18. 3 »

L'Esprit des autres, recueilli et raconté par ÉDOUARD FOURNIER. 4ᵉ édition, revue et très-augmentée. 1 charmant vol. in-18. 3 »

L'Esprit des bêtes, zoologie passionnelle, mammifères de France, par A. TOUSSENEL. 4ᵉ édit., revue et corrigée. 1 vol. in-8°. 6 »

Esquisses sur la province d'Alger, par H. DE SAUCLIÈRES. 1 vol. grand in-18 jésus. 3 »

Essai sur l'histoire de la Civilisation en Italie, par AUGUSTE BOULLIER. 2 vol. in-8°. 10 »

L'État-Romain, d'après L.-C. FARINI, par AMIGUES. 1 beau vol. in-8°. 6 »

État social et politique des Nations, par M. le marquis DE CHANALEILLES. 1 vol. in-8°. 5 »

Les États-Unis en 1861, par GEORGES FISCH. 1 vol. grand in-18 jésus. 2 »

Études financières et d'économie sociale, par M. PIERRE CLÉMENT, membre de l'Institut, auteur de *Jacques-Cœur et Charles VII*, de *l'Histoire de Colbert*, du *Gouvernement de Louis XIV*, des *Portraits historiques*, etc., etc. 1 fort vol. in-8°. 7 »

Études sur les Poëtes dramatiques de la France au XIXᵉ siècle, par JULES WISNIENSKI. 1 vol. in-8°. 5 »

Études religieuses et littéraires, par E. ROSSEEUW SAINT-HILAIRE, professeur à la Faculté des lettres. 1 vol. grand in-18 jésus. 3 »

Étude sur la Propriété littéraire et artistique, par G. DE CHAMPAGNAC, chef du bureau de la propriété littéraire au ministère de l'Intérieur. 1 vol. grand in-18 jésus. 2 »

Étude sur la vie de Jésus de Ernest Renan, par le PÈRE CHARLES PASSAGLIA, ancien professeur de théologie à la chaire de Rome, député au parlement de Turin, traduite par FRANÇOIS SAMPIERI. 1 vol. in-8°. 2 »

Excentricités du langage, par LORÉDAN-LARCHEY. 4ᵉ édit. 1 vol. grand in-18 jésus. 3 50

Excursions dans le Cornouailles et le Devonshire, par Louis Deville, avec un dessin de Paul Huet. 1 vol. grand in-18 jésus. 2 »

Les Expiations, roman en vers par Léon Valery. 1 vol. grand in-18 jésus. 3 »

La Famille Alvareda, roman de mœurs populaires, par Fernan Caballero, traduit par Auguste Dumas. 2ᵉ édit. 1 vol. grand in-18 jésus. 2 50

La Famille, essai par Gabriel Ferai. 1 vol. in-8°. 3 »

La Famille Tulliver ou le Moulin sur la Flooss, par George Eliot, traduit par F. d'Albert-Durade. 2 vol. gr. in-18 jésus. 6 »

Les Faucheurs polonais, épisode de l'insurrection de 1830, par Henri Augu. 1 vol. grand in-18 jésus. 1 »

Faut-il se marier? par A. Fourgeaud. 1 vol. in-18. 1 »

La Fédération et l'Unité italienne, par P.-J. Proudhon. Nouvelle édition. 1 vol. grand in-18 jésus. 1 50

La Fée Mignonnette, contes et légendes par M. le duc de D***. 1 charmant vol. grand in-18 jésus. Illustrations de C. Rudhardt. 2 »

Une Femme de cœur, par Aug.-Marc Bayeux. 2ᵉ édition. 1 vol. grand in-18 jésus. 3 »

Les Femmes excentriques (Paolina), par Valery Vernier. 1 joli vol. gr. in-18 jésus, orné d'une eau-forte de Flameng. 3 »

Une Femme dangereuse, par Louis Desnoyers et Victor Perceval. 1 vol. grand in-18 jésus. 3 »

Une Femme hors ligne, par J.-M. Gagneur. 1 vol. grand in-18 jésus. 3 »

La Femme jugée par les grands Écrivains des deux sexes. Riche et précieuse mosaïque de toutes les opinions émises sur la femme depuis les temps les plus reculés jusqu'à nos jours, par L.-J. Larcher. 1 beau vol. grand in-8°, illustré de 16 magnifiques gravures sur acier. 12 »

Une Femme libre, par madame la comtesse Dash. 1 joli vol. grand in-18 jésus. 3 »

Femmes vues au stéréoscope; 1ʳᵉ épreuve: Vertueuse et Coupable, par Charles Aubert. 1 joli vol. in-18. 1 »

Feuillées, par Oscar Pirmez. 1 beau vol. in-8º. 5 »

La Fille d'un Homme d'argent, facette de la vie contemporaine, par madame Jeanne Mussard. 1 volume grand in-18 jésus. 3 »

Les Fils d'Arpad, légende historique de la Hongrie, par Germain Sarrut. 1 vol. grand in-8º. 2 »

La Fin du Monde par la Science, par Eugène Huzar. Deuxième édition. 1 vol. gr. in-18 jésus. 1 50

Fior d'Aliza, suite des Confidences de M. Alphonse de Lamartine. 2ᵉ édition. 1 beau vol. gr. in-8º. 6 »

Fleurs d'Espagne, contes et nouvelles, traduits de l'espagnol par M. David. 1 vol. in-8º. 5 »

Le Fou Yégof, épisode de l'Invasion, par Erckmann-Chatrian. 1 vol. grand in-18 jésus. 3 »

De la France, considérée particulièrement dans ses derniers temps et dans son avenir. Principes et conséquences de la révolution de 1789, par Louis d'Esparbès de Lussan. 1 vol. in-8º. 6 »

France et Angleterre, étude sociale et politique, par Ch. Menche de Loisne. 2ᵉ édition. 1 vol. in-8º. 5 »

Francis Sauveur, par Léon Walras. 1 vol. grand in-18 jésus. 3 »

Gaëte, par madame Maria de Fos. 1 vol. grand in-18 jésus. 3 »

Le Gaillard d'Avant, chansons maritimes, par G. de la Landelle, ancien officier de marine. 1 joli vol. grand in-18 jésus, avec la musique. 1 »

Les Galants de la couronne, par Paul Mahalin. 1 vol. grand in-18 jésus orné d'un portrait. 3 »

La Gamme des Amours, par Oscar Comettant. 1 vol. grand in-18 jésus. 3 »

Le Gandin et ses ancêtres, par Th. de Veillechèze. 1 vol. gr. in-18 jésus. 2 »

Les Gandins, mystères du demi-monde, par le vicomte Ponson du Terrail.
I. Les Hommes de cheval.
II. Les Marieurs. 2 vol. in-18 jésus, ornés d'une vignette. Chaque volume. 3 »

La Garde Noire, par Paul Féval. 1 joli vol. grand in-18 jésus orné d'une vignette dessinée par Godefroy Durand. 3 »

La Gaviota, roman espagnol de Fernan Caballero, traduction française. 1 vol. grand in-18 jésus. 2 50

Gazettes et Gazetiers. — Histoire critique et anecdotique de la presse parisienne (1re et 2e années), par J.-F. Vaudin. 2 vol. grand in-18 jésus. Chaque vol. 3 »
La 3e année est *sous presse*.

Le Général comte de Coutard, étude historique sur la République, l'Empire et la Restauration, par Henri de Riancey, ancien député à l'Assemblée législative. 1 beau vol. in-8° avec portrait. 6 »

Les Gens de Bureau, par Emile Gaboriau. 2e édit. 1 charmant vol. grand in-18 jésus. 3 »

Les Gens de Théâtre, par Pierre Véron. 2° édition. 1 joli vol. grand in-18 jésus. 3 »

La Gerbée. Contes à lire en famille, par Michel Masson. 1 beau vol. gr. in-18 jésus, illustrations du vicomte Louis de Dax. 3 50

Du Gouvernement de Louis XIV dans ses rapports avec la politique, par H. de Marne. 1 vol. grand in-18 jésus. 2 »

Grammaire héraldique, contenant la définition exacte de la science des armoiries, suivie d'un vocabulaire explicatif, par H. Gourdon de Genouillac. 3e édition, revue et augmentée de l'*Art de composer les livrées selon les règles héraldiques*. 1 charmant vol. grand in-18 jésus, orné de 200 blasons gravés intercalés dans le texte. 3 »

La Grande Italienne (Mathilde de Toscane), par Amédée Renée, avec un portrait dessiné d'après une peinture ancienne par S. A. I. la Princesse Mathilde. 1 vol. in-8°. 6 »

Les Grandes Amoureuses au Couvent, par Lannau-Rolland. 1 vol. grand in-18 jésus. 3 »

Les Grands Capitaines amoureux, par Augustin Challamel. 1 vol. grand in-18 jésus orné d'un portrait. 3 »

Les Grands Corps politiques de l'État. Biographie complète des membres du Sénat, du Conseil d'État et du Corps législatif, par un ancien député. 2ᵉ édit. 1 fort vol. in-18. 3 »

Grands Seigneurs et Grandes Dames du temps passé, par Charles de Mouy. 1 vol. gr. in-18 jésus. 3 »

Granville dans les Étoiles. Publié par Nicolas Granville. 1 vol. in-8°. 3 50

La Grèce en 1863, par A. Grenier. 1 vol. gr. in-18 jésus. 3 »

La Grève de Samarez, poëme philosophique, par Pierre Leroux. 4 vol. gr. in-8°, paraissant en 8 livraisons séparées, comprenant : 1° la Préface ; — 2° les 52 Sectes de l'Ile ; — 3° le Rocher des Proscrits ; — 4° les Fantômes ; — 5° Satan ; — 6° le Livre de Job ; — 7° la Dispute avec les Savants ; — 8° la Post-Face.
Prix de chaque livraison. 4 »

La Griffe rose, par Armand Renaud. 1 vol. gr. in-18 jésus. 3 »

La Guerre et la Paix, recherches sur les principes et la constitution du Droit des Gens, par P.-J. Proudhon. 4ᵉ édit. 2 vol. grand in-18 jésus. 7 »

Les Guerres commerciales (1486-1850), par Paul Mouriez. 1 vol. grand in-18 jésus. 3 »

Guide du Joueur à la Roulette et au Trente-et-Quarante, *ou* la Chance vaincue par le calcul, étude basée sur dix ans d'expérience et plus de 200,000 coups recueillis à Bade et à Hombourg, par le comte de X***. Nouvelle édit. augmentée. 1 vol. in-8°. 3 »

Guide pratique du Fermier et de la Fermière, *ou* la Routine vaincue par le Progrès. Histoire agricole et morale, par madame Millet-Robinet. 1 vol. grand in-18 jésus. 3 50

Guillaume de Varennes, *ou* la seconde Croisade, par A.-F. Dosfant. 2 vol. grand in-18 jésus. 6 »

Les Harmonies de la prière, suivies du Purgatoire de sainte Catherine de Gênes, par Alex. Dargeln. 1 vol. gr. in-8°. 10 »

Hasard. Trente-et-Quarante et Roulette, étude rationnelle, par A. E. R. 1 vol. in-8°. 4 »

Henri de Bourbon (vie anecdotique de M. le comte de Chambord). 1 fort vol. in-18. 1 »

Une Héroïne, par Mlle de Grandpré. 1 vol. gr. in-18 jésus. 2 »

Un Hermaphrodite, par Louis Jourdan. 2ᵉ édit. 1 charmant vol. gr. in-18 jésus. 3 »

L'Héritage du Comédien, par le vicomte PONSON DU TERRAIL. 1 vol. grand in-18 jésus. 3 »

Histoire d'Alexandre Ier, empereur de Russie, par IVAN GOLOWINE. 1 vol. in-8°. 2 »

Histoire des Artistes vivants. — Les Artistes français. Études d'après nature, par THÉOPHILE SILVESTRE. 1 vol. grand in-18 jésus. 3 »

Histoire de la Censure théâtrale en France, par VICTOR HALLAYS-DABOT. 1 beau vol. grand in-18 jésus. 3 »

Histoire des Classes privilégiées dans les temps anciens, par LÉON DE GIVODAN, chevalier et juge d'armes de l'Ordre de Malte, directeur du Collège héraldique. 2 vol. grand in-18 jésus. 7 »

Histoire anecdotique des Cafés et Cabarets de Paris, par ALFRED DELVAU, avec eaux-fortes et dessins de GUST. COURBET, FÉLICIEN ROPS et LÉOPOLD FLAMENG. 1 vol. grand in-18 jésus. 3 50

Histoire anecdotique de l'ancien Théâtre en France. — Théâtre-Français ; — Opéra ; — Opéra-Comique ; — Théâtre-Italien ; — Vaudeville ; — Théâtres forains ; par A. DU CASSE, auteur des *Mémoires du roi Joseph*, etc. 1 vol. in-8°. 5 »
Le 2e vol. est *sous presse*.

Histoire anecdotique de l'Industrie française, par EUG. D'AURIAC. 1 joli vol. in-18. 3 »

Histoire complète de la Noblesse de France, depuis 1789 jusque vers l'année 1862 ; suivie de considérations sur la grandeur de la Noblesse, sa situation actuelle et l'influence morale qu'elle exerce sur les autres classes de la société, par N. BATJIN. 1 fort vol. in-8°. 7 50

Histoire et Voyages d'un enfant du peuple, par F. MALO, avec une préface d'EUGÈNE NUS. 1 vol. grand in-18 jésus. 2 »

Histoire de Jeanne Darc et réfutation des diverses erreurs publiées jusqu'à ce jour, par VILLIAUMÉ. 2e édition. 1 fort vol. grand in-18 jésus. 3 50

Histoire de l'événement de Varennes au 21 juin 1791, par M. le comte DE SÈZE. 1 vol. in-8°. 4 »

Histoire générale de la diplomatie européenne, par FRANÇOIS COMBES, professeur d'histoire, etc.
I. Histoire de la formation de l'Équilibre européen. 1 vol. in-8°. 7 50
II. Histoire de la Diplomatie slave et scandinave. 1 vol. in-8°. 7 50

EXTRAIT DU CATALOGUE.

Histoire des Girondins et des Massacres de Septembre, d'après les documents originaux et inédits, par M. A. Granier de Cassagnac, député au Corps Législatif. 2 vol. in-8°, accompagnés de *fac-simile*. 6 »

Histoire des Idées littéraires au XIXe siècle, par Alfred Michiels. 4e édition revue et continuée jusqu'en 1861. 2 vol. in-8°. 12 »

Histoire du Livre en France, par Edmond Werdet, ancien libraire-éditeur.
Ire partie. *Origine du livre manuscrit.* 1 vol. gr. in-18 jésus. 5 »
IIe partie. *Transformation du livre, 1470 à 1789.* 1 vol. gr. in-18 jésus. 5 »
IIIe partie. *Etudes historiques et bibliographiques sur les imprimeurs et les libraires les plus célèbres de 1470 à 1789.* 1 vol. 5 »
IVe partie. *Essais sur la propagation, marche et progrès de l'imprimerie et de la librairie dans les diverses provinces de la France.* 1 vol. 5 »

Histoire d'un Mendiant, par madame Olympe Audouard. 1 vol. grand in-18 jésus. 2 »

Histoire d'une Mère et de ses Enfants.—Madame Gottlieb, par Louis Ulbach. 1 vol. grand in-18 jésus. 3 »

Histoire des Morisques, ou des Arabes d'Espagne, sous la domination des Chrétiens, par M. le comte Albert de Circourt. 3 vol. in-8°. 10 »

Histoire de la Musique en France, depuis les temps les plus reculés jusqu'à nos jours, suivie de la liste chronologique des ouvrages qui forment le répertoire de l'Opéra et de l'Opéra-Comique, par Charles Poisot. 1 beau vol. in-18. 4 »

Histoire de la Poésie, par Thaïès Bernard, 1 fort vol. grand in-18 jésus. 10 »

Histoire de la Politique autrichienne, depuis la mort de Marie-Thérèse. Suite de l'*Histoire secrète du Gouvernement autrichien*, par Alfred Michiels. 1 beau vol. in-8°. 7 »

Histoire du Pont-Neuf, par Édouard Fournier. 1 vol. in-18 en deux parties, orné d'une belle photographie. 6 »

Histoire populaire des Guerres de la Vendée, par un enfant du Bocage. 1 vol. in-12. 2 50

Histoire des Révolutions d'Haïti (1789-1792), par M. Saint-Amand. 1 vol. in-8°. 5 »

Histoire secrète du Gouvernement autrichien, première histoire d'Autriche écrite d'après les documents authentiques, par Alfred Michiels. 3e édit., revue et très-augmentée. 1 vol. in-8°. 6 »

Histoire de la Société française pendant la Révolution et le Directoire, par MM. Edmond et Jules de Goncourt. 2ª édition. 2 vol. grand in-8°.   10 »

Deux Hivers en Italie, par Ch.-F. Lapierre. 1 vol. grand in-18 jésus.   3 »

Un Homme chauve, par J. de Carné. 1 v. gr. in-18 jésus.   2 »

L'Homme aux lunettes noires, par Émile Richebourg. 1 vol. grand in-18 jésus.   3 »

L'Homme de Bronze, roman, par Émile Dumont. 1 vol. grand in-18 jésus.   1 »

L'Homme de Lettres, par Alexandre Weill. 1 vol. grand in-18 jésus.   1 »

Les Hommes d'État de l'Angleterre au XIXe siècle, suivis d'un coup d'œil sur la Russie et sa politique, par le comte A. de La Guéronnière. 1 fort vol. grand in-18 jésus.   3 »

Les Hommes de Lettres, roman contemporain par MM. Edmond et Jules de Goncourt. 1 vol. grand in-18 jésus.   3 »

Hommes et Choses de divers temps, par Charles Romey. 1 vol. gr. in-18 jésus. (*Sous presse*).

Horace.— Odes gaillardes, traduites en vers par M. Armand Barthet. 1 vol. grand in-18 jésus, orné de deux beaux portraits gravés.   5 »

Le 13ᵉ Hussards, par Émile Gaboriau. 11ᵉ édit. 1 charmant vol. grand in-18 jésus.   3 »

Hypérion et Kavanagh, roman américain de Henri W. Longfellow, traduction française. 2 vol. grand in-18 jésus.   5 »

Les Hypocrites, par Turpin de Sansay. Avec lettres de George Sand, Émile Augier, Michelet, Aug. Vacquerie, etc. 1 vol. grand in-18 jésus.   3 »

Iambes et Poëmes, par Auguste Barbier. 14ᵉ édition, revue et corrigée. 1 vol. grand in-18 jésus.   3 50

Iba, souvenir intime, par Pierre de Ferlat. 1 vol. grand in-18 jésus.   3 »

Les Idées antiproudhonniennes, sur l'Amour, les Femmes et le Mariage, par madame Juliette Lamber. 1 vol. grand in-18 jésus.   2 »

Les Illusions du temps présent, lettres à un jeune homme, par M. de Plasman, ancien magistrat. 1 vol. in-12.   1 50

Les Imbéciles, par Alfred Sirven. 1 vol. grand in-18 jésus. 3 »

L'Immortalité, par M. A. Dumesnil. 1 très-fort vol. gr. in-18 jésus.   3 50

Indiscrétions et Confidences. Souvenirs du théâtre et de la littérature, par H. Audibert. 1 joli vol. in-18.   2 »

L'Infaillibilité, par M. Blanc de Saint-Bonnet. 1 beau volume grand in-8°. 6 »

Les Infâmes, par Ange de Kéraniou. 2 vol. gr. in-18 jésus. 6 »

Les Infâmes de la Bourse, par Alfred Sirven. 1 vol. grand in-18 jésus. 1 »

Introduction à l'établissement d'un Droit public européen, par Francisque Bouvet, ancien représentant. 1 vol. grand in-18 jésus. 3 »

Isis, par Auguste Villiers de l'Isle-Adam. 1re partie. 1 vol. grand in-8°. 5 »

L'Italie des Italiens, par madame Louise Colet. 4 beaux vol. grand in-18 jésus. 14 »
Tome Ier : *L'Italie du Nord*. Gênes, Turin, Milan, Padoue, Venise.—Tome II : *L'Italie du Centre*. Plaisance, Parme, Modène, Florence, Pérouse, Ravenne, Bologne, Ferrare.— Tome III : *L'Italie du Midi*. Le Libérateur ; Palerme, Naples.—Tome IV : *Rome*.

Itinéraire de Napoléon Ier de Smorgoni à Paris. Épisode de la guerre de 1812, premier extrait des Mémoires militaires et politiques inédits du baron Paul de Bourgoing, sénateur, ancien ambassadeur en Espagne, ancien ministre de France en Allemagne et en Russie. 1 vol. grand in-18 jésus. 2 »

Jacques le Charron, par Émile Greyson. 1 vol. grand in-18 jésus. 3 »

Le Jardin d'Amour. Poésies par Pierre de l'Isle. 1 vol. grand in-18 jésus. 3 »

Jean Diable, par Paul Féval. 2e édition. 2 vol. gr. in-18 jésus, ornés d'une belle eau-forte de Flameng. 6 »

Jean Lebon, par Gustave Chadeuil. 1 vol. gr. in-18 jésus. 3 »

La Jérusalem délivrée, traduite en vers par Louis Duchemin. Texte et traduction en regard. 2 vol. in-8°. 12 »
Traduction seule. 1 vol. in-8°. 6 »

Jessie, par M. Mocquard, chef du cabinet de S. M. l'Empereur. 5e édit. 2 vol. grand in-18 jésus. 6 »

La Jeunesse amoureuse, par Jean du Boys. 1 joli vol. grand in-18 jésus. 3 »

La Jeunesse de Catherine II, par Charles du Bouzet. 1 vol. in-8°. 3 »

Un Jeune libéral et un légitimiste; suivi de l'Ex-Voto, la Nuit de Noël, la Fleur des Ruines, les Deux Amis. Romans de mœurs populaires, par Fernan Caballero, traduits par Auguste Dumas, revus et corrigés par l'auteur. 1 volume grand in-18 jésus.   3 »

Les Joies dédaignées, scènes de Jeunesse, par E. Manuel. 1 joli vol. grand in-18 jésus.   2 »

Joseph Le Bon dans sa vie privée et dans sa carrière politique, par Emile Le Bon, son fils. 1 vol. in-8°.   6 »

Journal de la Campagne de Chine (1858-1861), par Ch. de Mutrécy, avec une préface de Jules Noriac. 2ᵉ édition. 2 vol. in-8°.   12 »

Journal du siège de Gaëte, par Ch. Garnier. 3ᵉ édit. 1 vol. gr. in-18 jésus, orné des portraits photographiés du roi François II et de la Reine.   3 »

Jules César, tragédie de Shakspeare, traduite en vers français par Auguste Barbier. 2ᵉ édit., ornée de deux portraits gravés. 1 vol. grand in-18 jésus.   3 50

Justice, par Charles Habeneck. 1 vol. grand in-18 jésus.   2 »

Juvénal à Paris, sa vie et ses maximes, par Jules Dupuis. 1 joli vol. in-18.   1 »

Le Langage des marins. Recherches historiques et critiques sur le vocabulaire maritime. Expressions figurées en usage parmi les marins. Recueil de locutions techniques ou pittoresques, suivi d'un index méthodique, par G. de la Landelle, ancien officier de marine. 1 vol. in-8°.   5 »

Le Langage fondé sur la logique, la grammaire et la rhétorique, à l'usage des élèves qui veulent savoir raisonner avant de parler, par Tardif de Mello. 1 vol. gr in-18 jésus. 2 »

Laure, étude par J.-E. Alaux. 1 joli vol. grand in-18 jésus. 1 »

Lavinia, par J. Ruffini, traduit par Octave Sachot. 2 vol. grand in-18 jésus.   6 »

Légendes amoureuses de l'Italie, par Paul Perret. 1 charmant vol. in-32.   1 »

Légendes bretonnes, par A. d'Amezeuil. 1 charmant vol. grand in-18 jésus.   3 »

Légendes et poëmes Scandinaves, par le prince royal de Suède, aujourd'hui S. M. Charles XV, traduits du suédois, par G.-B. de Lagrèze, conseiller à la Cour impériale de Pau. 1 vol. grand in-18 jésus.   3 50

La Légende de l'homme éternel, par Armand Durantin. 1 vol. gr. in-18 jésus. 3 »

Légendes et Curiosités parisiennes, par Édouard Fournier. 1 vol. in-18 (*sous presse*).

Légendes flamandes, par Charles de Coster, avec une préface par Émile Deschanel. 2ᵉ édit. 1 vol. in-8°. 3 »

Légendes des Litanies de la Sainte-Vierge, par MM. Auguste et Léon Le Pas. 2 édit. 1 vol. grand in-8°. 5 »

Lettres d'Amour de Mirabeau, précédées d'une étude sur Mirabeau par Mario Proth. 1 volume grand in-18 jésus, orné d'un beau portrait gravé. 3 »

Lettres de Colombine, adressées au *Figaro* pendant l'année 1863. 1 beau vol. grand in-18 jésus. 3 »

Lettre sur les Expositions et le Salon de 1861, par A. Cantaloube. 1 vol. grand in-18 jésus. 2 »

Lettres Franques à Napoléon III, empereur des Français, par Frédéric Billot, avocat. 2ᵉ édit. 1 vol. in-8°. 3 »

Lettres Fraternelles à Louis Veuillot, par Alexandre Weill. 1 vol. grand in-18 jésus. 2 »

Lettres de Junius, Coups de plume sur la littérature et les mœurs. 1 joli vol. grand in-18 jésus. 3 »

Lettres de mademoiselle Aïssé à madame Calandrini. 5ᵉ édition, revue et annotée par M. Ravenel, conservateur de la Bibliothèque Impériale, avec une Notice par M. Sainte-Beuve, de l'Académie française. 1 vol. gr. in-18 jésus, orné de 2 beaux portraits. 3 »

Lettres inédites du comte de Cavour au commandeur Rattazzi, traduites en français et précédées d'une étude sur le Piémont depuis 1848 et M. Rattazzi, par Charles de la Varenne. 1 beau vol. gr. in-18 jésus, orné d'un superbe portrait sur acier. 3 50

Lettres russes, Alexandre II et l'émancipation, par A. Grandguillot. 1 vol. in-8°. 3 »

Lettres de Silvio Pellico, recueillies et mises en ordre par Guillaume Stefani, traduites et précédées d'une introduction (les dernières années de Silvio Pellico), par Antoine de Latour. 2ᵉ édit. 1 beau vol. gr. in-18 jésus, portrait et autographe. 4 »

Le Lion de Lucerne, par Arthur Ponroy. 1 vol. gr. in-8°. 3 »

Littérature musicale. Mes souvenirs, par Léon Escudier. 1 vol. gr. in-18 jésus. 3 »

Le Livre de Consolation, par l'auteur de *la Foi nouvelle cherchée dans l'art*. 1 joli vol. in-18. 1 50

Le Livre de la Nation polonaise et des Pèlerins polonais, d'Adam Mickiewicz, traduction nouvelle par Armand Lévy, avec introduction et commentaire par Ladislas Mickiewicz. 1 charmant v. in-18 impr. avec luxe; encadrements en coul. 7 50

Le Livre des Patiences, par Mme de F... 15e éd. 1 v. in-18. 1 50

Le Livre des Rois, par Alexandre Weill. 1 vol. in-8°. 5 »

Le Livre de la Vie, par Hector de Callias. 1 joli vol. in-32. 2 »

La Loi de Dieu, par Charles Deslys. 1 vol. gr. in-18 jésus. 3 »

Lorenzo Benoni, Mémoires d'un réfugié italien, par J. Ruffini, traduits par Octave Sachot. 1 vol. gr. in-18 jésus. 3 »

La Lorette, par Edmond et Jules de Goncourt, vignette de Gavarni. 5e édit. 1 charmant vol. in-32. » 50

La Lutte Électorale en 1863, par Jules Ferry, avocat à la Cour impériale. 2e édit. 1 vol. gr. in-18 jésus. 3 »

Madame Claude, par Eug. Muller. 2e édition. 1 vol. gr. in-18 jésus. 3 »

Madame Hilaire, par madame Louise Vallory. 3e édition. 1 vol. grand in-18 jésus. 2 »

Mademoiselle Million, par madame Urbain Rattazzi (Marie de Solms). 2e édit. 1 joli vol. grand in-18 jésus orné d'une belle photographie. 3 »

Mademoiselle Vallantin, roman de mœurs, par Paul Reider. 1 vol. grand in-18 jésus. 2 »

La Maison d'Orléans devant la légitimité et devant la démocratie, par Laurent (de l'Ardèche). 1 fort vol. in-8°. 7 »

Les Maîtresses du Régent. Études d'histoire et de mœurs sur le commencement du xviiie siècle, par M. de Lescure. 2e édit., revue et corrigée. 1 fort vol. in-18. 4 »

Les Majorats littéraires, examen d'un projet de loi ayant pour but de créer, au profit des auteurs, inventeurs et artistes, un monopole perpétuel, par P.-J. Proudhon. 2e édit. 1 vol. grand in-18 jésus. 3 »

Le Mangeur d'hommes (récits de chasse), par Jules Gérard, le Tueur de lions. 2e édition. 1 vol. gr. in-18 jésus, illustrations de J.-A. Beaucé et Andrieux. 3 50

Manuel du Capitaliste, *ou* Tableaux en forme de comptes-faits pour le calcul des intérêts de l'argent à tous les taux, pour toutes les sommes, pour toutes les époques, etc., par BONNET. 16ᵉ édit., augmentée du Tableau de comparaison des monnaies étrangères avec les monnaies françaises, etc., par SEB. BOTTIN. 1 vol. in-8°, broché. 5 »
—Relié. 6 »

Manuel du Chasseur au chien d'arrêt, par M. LÉONCE DE CURÉL, suivi de la loi sur la chasse. 4ᵉ édit. 1 vol. gr. in-18 jésus avec gravure. 3 »

Manuel du Marchand de tableaux, par IVAN GOLOWINE. 1 vol. grand in-18 jésus. 1 »

Le Manuscrit de ma Cousine, par H.-T. LEIDENS. 1 charmant vol. grand in-18 jésus. 3 »

Les Marchands de Santé, par PIERRE VÉRON. 3ᵉ édition. 1 vol. grand in-18 jésus. 3 »

Marcof le Malouin, par ERNEST CAPENDU. 1 volume grand in-18 jésus. 3 »

Un Mari mystifié, par madame OLYMPE AUDOUARD. 1 vol. grand in-18 jésus. 3 »

Le Mariage du Vicaire, par PIERRE LEFRANC. 1 volume grand in-18 jésus. 3 »

Les Mariages d'aventure, par ÉMILE GABORIAU. 2ᵉ édit. 1 vol. grand in-18 jésus. 3 »

Maria Grazia, par A. LEBAILLY. 1 joli vol. gr. in-18 jésus. 2 »

Les Marionnettes de Paris, par PIERRE VÉRON. 4ᵉ édit. 1 vol. grand in-18 jésus. 3 »

Les Maris-Garçons, par ANGE DE KÉRANIOU. 3ᵉ édition. 1 charmant vol. grand in-18 jésus. 3 »

Le Marquis de Loc-Ronan, par ERNEST CAPENDU. 1 vol. grand in-18 jésus. 3 »

La Marquise d'Egmet, *ou* une Année de la vie d'une femme qui s'ennuie, par madame la marquise DE LA GRANGE, née CAUMONT LA FORCE. Nouvelle édition. 1 vol. grand in-18 jésus. 2 »

Les Martyrs de l'Amour, par LOUIS JOURDAN. 1 joli vol. grand in-18 jésus. 3 »

La Mascarade humaine, satires de mœurs du XIXᵉ siècle, par BARRILLOT. 1 vol. grand in-18 jésus. 3 »

Masques et Visages, par GAVARNI. 1 joli vol. grand in-18 jésus, orné d'un très-grand nombre de gravures. 2 »

Les Massacres de Galicie et Krakovie confisquée par l'Autriche en 1846, documents et commentaires recueillis par LÉONARD CHODZKO. 1 vol. gr. in-18 jésus. 3 »

Méditations sur la mort et l'éternité, publiées avec la permission spéciale de Sa Majesté la reine Victoria, et traduites de l'anglais par Ch.-Bernard Derosne. 4ᵉ édit. 1 vol. in-8°. 6 »

Méditations sur la vie et ses devoirs, publiées avec la permission spéciale de Sa Majesté la reine Victoria, et traduites de l'anglais par Ch.-Bernard Derosne. 1 vol. in-8°. 6 »

Mémoires d'un Bibliophile. Lettres sur la bibliographie, par M. Tenant de Latour, ancien bibliothécaire du Roi au palais de Compiègne. 1 fort vol. grand in-18 jésus. 3 50

Mémoires d'un chasseur de renards, scènes de la vie anglaise, par A. de Vaubicourt. 1 vol. grand in-18 jésus. 3 »

Mémoires d'une Femme de chambre écrits par elle-même. 1 vol. grand in-18, orné de son portrait photographié. 3 »

Mémoires sur les événements de Juillet 1830, par M. le vicomte de Foucauld, ancien colonel de la gendarmerie. 1 vol. in-8°. 2 50

Mémoires sur les Guerres de la Navarre et des provinces Basques, depuis leur origine en 1833 jusqu'au traité de Bergara en 1839, par le vicomte Alphonse de Barrès du Molard, colonel d'état-major au service de Charles V, etc. 1 vol. in-8°. 8 »

Mémoires de Madame Élisabeth de France, sœur de Louis XVI, annotés et mis en ordre par F. de Barghon Fort-Rion. 1 vol. in-8° orné d'un beau portrait. 4 »

Mémoires de madame la marquise de La Rochejaquelein, précédés de son Éloge funèbre prononcé par Mgr l'évêque de Poitiers. Nouvelle édition ornée d'un portrait, d'un fac-simile et de cartes. 2 vol. grand in-18 jésus, illustrés de jolies vignettes dessinées par Andrieux. 5 »

Mémoires du président Hénault, de l'Académie française, écrits par lui-même, recueillis et mis en ordre par son arrière-neveu M. le baron de Vigan. 1 vol. in-8°. 6 »

Mémoires et Correspondance du roi Jérôme et de la reine Catherine. 6 vol. in-8° avec portrait et cartes.
Chaque volume. 6 »
Les cinq premiers volumes sont en vente.

Les Mémoires de Marguerite, par Madame C. Coignet. 1 vol. grand in-18 jésus. 2 »

Mémoires secrets pour servir à l'histoire de la cour de Russie, sous le règne de Pierre le Grand et de Catherine Iʳᵉ, rédigés et publiés pour la première fois d'après les manuscrits originaux du sieur Villebois, chef d'escadre et aide de camp de Pierre Iᵉʳ, par Théophile Hallez. 1 vol. in-8°. 6 »

Ménage et Finances de Voltaire, avec une introduction sur les mœurs des cours et des salons au xviiiᵉ siècle, par Louis Nicolardot. 1 fort vol. in-8°. 7 50

La Mère, par madame la vicomtesse DE DAX. 1 vol. in-18. 2 »

La Mère du Croisé, légende, par J.-B. SŒHNLIN. 1 vol. in-18. 2 »

Meryem, scènes de la vie algérienne, par madame CAMILLE PÉRIER. 1 vol. gr. in-18 jésus. 3 »

Le Mexique, souvenirs et impressions de voyage, par DÉSIRÉ CHARNAY. 1 vol. grand in-18 jésus. 3 50

Le Mexique, Havane et Guatemala, notes de voyage, par A. DE VALOIS. 1 vol. grand in-18 jésus. 3 »

Mikael, kloarek breton, par OLIVIER SOUVESTRE. 1 vol. gr. in-18 jésus. 2 »

Mille Ans de guerre entre Rome et les Papes, par MARY LAFON. 3ᵉ édition, revue et augmentée. 1 vol. gr. in-18 jésus. 2 »

La Misère et les Misérables. 2 volumes grand in-8°. 10 »

Le Monde des Coquins, physiologie du monde des coquins, par L. MOREAU CHRISTOPHE, ancien inspecteur général des prisons. 2ᵉ édition. 1 volume grand in-18 jésus. 3 »

Le Monde des Oiseaux, ornithologie passionnelle, par A. TOUSSENEL. 2ᵉ édition, revue et corrigée. 3 vol. in-8°, avec le portrait de l'auteur. 18 »

Le Monde russe et la Révolution. Mémoires de A. HERTZEN, traduits par H. DELAVEAU, illustrations de A. SCHENK.
I.—La Famille—L'Université—La Prison.
II.—L'Exil—La jeune Russie.
III.—Après l'exil—Moscou—Le Départ.
3 beaux vol. gr. in-18 jésus. Chaque vol. 5 »

Monnaies et Métaux précieux, de leur fixité et de leur valeur, par X... 1 vol in-8°. 6 »

Monseigneur le duc de Bourbon, prince de Condé, notice historique sur la vie et la mort de Son Altesse Royale, suivie de la mort de Monseigneur le duc d'Enghien, par M. le comte DE VILLEMUR. 1 vol. in-8°. 4 »

Monsieur Personne, par PIERRE VÉRON. 1 volume grand in-18 jésus. 3 »

La Morale universelle, par le baron L. DE GULDENSTUBBE et par sa sœur J. DE GULDENSTUBBE. 1 vol. grand in-18 jésus. 3 »

La Mort de Jésus. Révélations historiques sur le véritable genre de mort de Jésus; traduites du latin en allemand, et de l'allemand en français, d'après le manuscrit d'un frère de l'ordre sacré des Esséniens, contemporain de Jésus, par D. RAMÉE. 3ᵉ édition. 1 volume in-8°. 5 »

Mœurs et Coutumes de la vieille France, par MARY LAFON. 1 joli vol. in-18. 3 »

La Muscadine, histoire du pays.—Madeleine.—La Bouteille du ménétrier, par HENRY VIÉ. 1 vol. grand in-18 jésus. 3 »

4

Les Mystères de la Boucherie.—De la viande à bon marché, par E. BLANC. 1 vol. in-8°. 6 »

Les Mystères du désert, souvenirs de voyages en Asie et en Afrique, par HADJI-ABD'EL-HAMID-BEY (colonel du Couret), précédés d'une préface par M. STANISLAS DE LAPEYROUSE. 2 vol. grand in-18 jésus, avec cartes et vignettes. 7 »

Les Mystères du Sérail et des harems turcs, par madame OLYMPE AUDOUARD. Illustr. de C. RUDHARDT. 2ᵉ édit., 1 vol. grand in-18 jésus. 3 50

Les Mystères du Palais. Mémoires d'un petit bossu, par GUSTAVE CHADEUIL. 1 joli vol. in-18. 2 »

Nathan le Sage, par G.-E. LESSING, traduit par HUMANN HIRSCH. Préface de FRANÇOIS FAVRE. 1 vol. grand in-18 jésus. 2 »

Une Nichée de Gentilshommes, mœurs de la vie de province en Russie, par IVAN TOURGUÉNEF, traduction française. 1 vol. grand in-18 jésus. 3 »

Nobiliaire du département des Bouches-du-Rhône.—Histoire, généologies, par H. GOURDON DE GENOUILLAC et le marquis DE PIOLENC. 1 volume grand in-8°. 8 »

La Noblesse d'Armagnac en 1789, ses procès-verbaux et ses doléances, avec une introduction historique et une table raisonnée des familles et des armoiries des électeurs, par le vicomte DE BASTARD D'ESTANG. 1 vol. grand in-8°. 6 »

Noblesse, Blason, Ordres de chevalerie. Manuel héraldique, par E. DE TOULGOËT. 1 vol. in-8°, orné de figures. 5 »

Les Nombres, par L.-C. DE SAINT-MARTIN (le Philosophe inconnu), œuvre posthume, suivie de l'*Eclair sur l'association humaine*, ornés du portrait inédit de l'auteur. Ouvrages recueillis et publiés par L. SCHAUER. 1 vol. grand in-8°. 5 »

Des Noms et Titres nobiliaires. Lettres d'un paysan gentilhomme sur la loi du 28 mai 1858 et le décret du 8 janvier 1859, par CHARLES DE CHERGÉ. 1 vol. in-8°. 2 »

Notes sur le Japon, la Chine et l'Inde, par le baron CH. DE CHASSIRON. 1 beau vol. grand in-8°, accompagné de plans, de cartes, de *fac-simile*. 10 »

Notes sur l'île de la Réunion (Bourbon), par L. MAILLARD, chevalier de la Légion d'honneur, etc. 1 vol. grand in-8°. 20 »

—Annexe.—**Conchyologie de l'île de la Réunion**, catalogue des mollusques, par G.-P. DESHAYES. 1 vol. in-8° avec planches coloriées. 10 »

Notices biographiques sur L. Van Beethoven, par le docteur E.-G. WEGELER et FERDINAND RIES, suivies d'un supplément, traduites de l'allemand par A.-F. LEGENTIL. 1 volume grand in-18 jésus. 3 »

Notices sur les principales Familles de la Russie, par le prince Pierre Dolgorouky. Nouvelle édition. 1 vol. in-8°. 3 »

Un Nouveau Droit européen et les Traités de 1815, par Térence Mamiani, trad. par Léonce Lehmann. 1 v. grand in-18 jésus. 3 »

Nouveaux Souvenirs de Chasse et de Pêche, dans le Midi de la France, par le vicomte Louis de Dax. 1 vol. grand in-18 jésus, illustré de jolies vignettes dessinées par l'auteur. 3 50

Les nouveaux Traités de Commerce. — *Guide pratique du Fabricant et du Commerçant*, contenant le texte des Traités conclus avec l'Angleterre et la Belgique, les Tarifs de Douane à l'entrée en France, en Angleterre et en Belgique, etc. 1 vol. gr. in-18 jésus. 1 50

Nouvelles et Chroniques, par Alexis de Valon.—Aline Dubois, —le Châle vert,—Catalina de Erauso,—François de Civille. 1 vol. grand in-18 jésus. 1 »

Nouvelles espagnoles, par C. Habeneck, avec une préface de L. Jourdan. 1 vol. grand in-18 jésus. 3 »

Nouvelles Scènes de la vie russe. — Eléna. — Un premier amour, par Ivan Tourguénef. Trad. de H. Delaveau. Dessins de A. Schenk. 1 vol. grand in-18 jésus. 3 50

Nouvelles Stations poétiques. Récits familiers et séculaires, par Sébastien Rhéal de Céséna. 1 vol. grand in-18 jésus. 2 50

Nuit de veille d'un prisonnier d'État, par Aloysius Huber. 1 vol. grand in-18 jésus. 3 »

Les Nuits de Rome, par Jules de Saint-Félix. Illustrations de Godefroy Durand. 1 beau vol. gr. in-18 jésus. 3 50

Les Nuits de la maison Dorée, par le vicomte Ponson du Terrail. 3ᵉ édit. 1 joli vol. grand in-18 jésus, orné d'une vignette dessinée par Godefroy Durand. 3 »

L'Œil noir et l'œil bleu de Mademoiselle Diane, par Léon Gozlan. 1 vol. grand in-18 jésus. 3 »

Œuvres de W.-E. Channing, publiées par E. Laboulaye, de l'Institut.
I.—Œuvres sociales. 1 vol. gr. in-18 jésus. 3 50
II.—De l'Esclavage. 1 vol. grand in-18 jésus. 3 50
III.—Traités religieux. 1 vol. grand in-18 jésus. 3 50
IV.—Le Christianisme unitaire. 1 vol. grand in-18 jésus. 3 50

Œuvres du Père Enfantin.
I.—Correspondance philosophique et religieuse (1843-1845). 1 vol. in-4°. 4 »
II.—Correspondance politique (1835-1840). 1 vol. gr. in-8°. 1 »
III.—Science de l'homme, physiologie religieuse. 1 très-fort vol. in-4°. 9 »
IV.—La Vie éternelle, passée, présente, future. 1 vol. in-4°. 4 »

Œuvres posthumes religieuses, historiques, philosophiques et littéraires d'ALEXANDRE DE STOURDZA, 5 vol. in-8°.
I. — Études morales et religieuses. — Double parallèle. 1 vol. 2 50
II. — Notions sur la Russie. — Missions du Kamtchatka. 1 vol. 2 50
III. — Souvenirs et Portraits. 1 vol. 5 »
IV. — Considérations sur la doctrine et l'esprit de l'Église orthodoxe. — Essai sur le Pressentiment. — Pensées. 1 vol. 5 »
V. — La Science des Antiquités. — Karamsine. — Essai sur les lois fondamentales de la Société. — La Grèce en 1821 et 1822. 1 vol. 5 »

Des Officiers-Magistrats de police, par E. MAINARD. 1 vol. grand in-18 jésus. 2 »

Olympia, anecdote grecque publiée par L. SAGLIER. 1 vol. grand in-18. 1 »

De l'Organisation et des attributions des Conseils généraux et des Conseils d'arrondissement. par M. J. DUMESNIL, avocat à la Cour de cassation et au Conseil d'Etat. 3e édit. 2 forts vol. in-8°. 12 »

Organisation spéciale de la Russie, par un diplomate. 1 v. in-8°. 5 »

L'Oyapoc et l'Amazone, question brésilienne et française, par JOAQUIM GAETANO DA SILVA. 2 vol. grand in-8°. 16 »

Où est la Femme? par ADOLPHE DUPEUTY, avec une préface de JULES NORIAC. 1 vol. gr. in-18 jésus. 3 »

Le Panthéon des Hommes utiles, par GUSTAVE CHADEUIL et HIPPOLYTE LUCAS. 1 magnifique vol. grand in-8° orné de dix beaux portraits gravés sur acier par LEGUAY. 10 »

Du Pape, par PHILOTHÉE. 1 volume in-8°. 7 50

Les Parias de l'Amour, par C.-A. D'AMEZEUIL. 1 vol. gr. in-18 jésus. 2 »

Paris, par GUSTAVE CLAUDIN. 1 vol. grand in-18 jésus. 3 »

Paris au gaz. La Vie de Paris entre 5 et 6 heures, ou Comment on dîne et comment on ne dîne pas; — le Docteur Gourdy; — le Village de Taillebourg; — la Pergolini; par JULIEN LEMER. 1 vol. grand in-18 jésus. 3 »

Paris effronté, par MANÉ, l'un des chroniqueurs de l'*Indépendance belge*. 1 charmant vol. grand in-18 jésus. 3 »

Paris en songe, par FABIEN. Essai sur les logements à bon marché, le bien-être, les splendeurs de Paris, etc. 1 vol. gr. in-18 jésus. 2 »

Paris moderne. Plan d'une ville modèle, par F.-A. COUTURIER DE VIENNE. 1 vol. grand in-18 jésus. 3 50

Paris mystérieux, par Mané. 1 vol. grand in-18 jésus. 3 »

Paris s'amuse, par P. Véron. 5ᵉ édit. 1 vol. gr. in-18 jésus. 3 »

Le Paris viveur, par Mané. 1 vol. grand in-18 jésus, orné d'une vignette dessinée par Godefroy Durand. 3 »

Le Parti dévot. Lettres de Province, par Charles Sauvestre. 1 vol. gr. in-18 jésus. 3 »

Pasquin et Marforio. Histoire satirique des Papes, traduite et publiée pour la première fois par Mary Lafon. 1 vol. grand in-18 jésus. 3 »

Le Pâtissier moderne, ou Traité élémentaire et pratique de la pâtisserie française au xixᵉ siècle, par Louis Bailleux, pâtissier. 1 vol. grand in-8º orné d'un grand nombre de planches. 10 »

Les Paysans russes, leurs usages, mœurs, caractère, religion, superstitions et les droits des nobles sur leurs serfs, par Achille Lestrelin. 1 vol. grand in-18 jésus. 3 »

La Pêche d'un Mari, par Hippolyte Lucas. 1 beau vol. grand in-18 jésus. 3 »

Le Pêcheur à la mouche artificielle et le Pêcheur à toutes lignes, par Charles de Massas. 2ᵉ édition, revue et augmentée. 1 vol. grand in-18 jésus, avec gravures. 2 »

La Peinture en France. Exposition de 1861, par Olivier Merson. 1 très-beau vol. gr. in-18 jésus, illustré de jolies vign. 4 »

Perdita, par ****. 1 vol. in-8º. 5 »

Le Père aux bêtes ou l'Ami des animaux, par A. Martin. Ouvrage couronné par la Société protectrice des animaux de Lyon. 1 vol. grand in-18 jésus. 3 »

Le Perron de Tortoni. — Indiscrétions biographiques, par Jules Lecomte. 2ᵉ édit. 1 beau volume grand in-18 jésus. 3 »

Pétersbourg et Moscou. Souvenirs du Couronnement d'un Czar, par Léon Godard. 1 vol. grand in-18 jésus. 3 50

Les Petits mystères de l'hôtel des Ventes, par Henri Rochefort. 1 vol. grand in-18 jésus. 3 »

Les Peuples du Caucase et leur guerre d'indépendance contre la Russie, pour servir à l'histoire la plus récente de l'Orient, par Frédéric Bodenstedt, traduit par le prince E. de Salm-Kyrburg. 1 fort vol. in-8º. 8 »

Un Philosophe au coin du feu. Causeries sur toutes choses, par Louis Jourdan. 1 vol. grand in-18 jésus. 3 »

La Philosophie ancienne retrouvée, ou *Connais-toi toi-même*, par Emile Hannotin. 1 vol. grand in-18 jésus. 3 »

Physiologie des Voyageurs de commerce, étude par A. Fourgeaud. 1 joli vol. in-18. 2 »

Pie IX, par Alexandre de Saint-Albin. 1 fort vol. grand in-18 jésus, orné d'un beau portrait et d'un *fac-simile*. 3 50

Le Pirate du Saint-Laurent, par H.-Emile Chevalier. 1 vol. grand in-18 jésus. 3 »

Poëmes, par Louis Mesnard. 1 vol. gr. in-18 jésus. 3 »

Les Poëmes du Foyer, par L. D. L. Audiffret. 1 vol. grand in-18 jésus. 3 »

Poëmes et Chants marins, par G. de la Landelle, ancien officier de marine. Avec la musique des principaux airs intercalée dans le texte. 1 beau vol. grand in-18 jésus. 4 »

Poëmes et Paysages, par Auguste Lacaussade. Deuxième édition. 1 vol. grand in-18 jésus. 3 50

La Poésie devant la Bible. Etude critique des poésies inspirées par l'Ecriture Sainte, par M. J. Bonnet. 1 vol. grand in-8°. 6 »

Poésies, par Clovis Michaux. 1 vol. grand in-18 jésus. 3 50

Poésies diverses, de M. Auguste Barbier. 1 vol. gr. in-18 jésus. 3 50

Poésies inédites de madame Desbordes-Valmore, publiées par Gustave Revilliod. 1 vol. in-8°. 5 »

Poésies populaires serbes, traduites sur les originaux, avec une introduction et des notes, par Auguste Dozon, chancelier du consulat général de France à Belgrade. 1 vol. gr. in-18 jésus. 3 »

La Pologne et la Diplomatie, recueil de Documents officiels publiés par le Comité central Franco-Italien. 1 vol. in-8°. 2 »

La Pologne martyre. Russie, Danube, par J. Michelet. 1 vol. gr. in-18 jésus. 3 50

Portraits historiques au dix-neuvième siècle, par Hippolyte Castille. Deuxième série, en vente : Le maréchal Pélissier.—Le Père Enfantin.—Le prince de Joinville et le duc d'Aumale.—Le prince Napoléon Bonaparte.—M. Berryer.—M. de Morny.— M. Villemain. —Le maréchal Bosquet. — Ferdinand II.— Le comte de Cavour.— Les chefs de corps de l'armée d'Italie.— Garibaldi.— Victor-Emmanuel.—Kossuth.—L'Impératrice Eugénie.—M. Mocquard. — Le prince Jérôme.—M. Baroche. — Mazzini.—François Joseph.—Léopold.—M. Dupanloup.— M. de La Guéronnière.— M. Achille Fould. — M. Rouland.— Le Cardinal Antonelli.— Le général de Pimodan. — Le père Félix. — Les frères Péreire.— M. Rattazzi.

Chaque vol. format in-32, orné d'un portr. et d'un autog. » 50

Portrait intime de Balzac, sa vie, son humeur et son caractère, par Edmond Werdet, son ancien libraire-éditeur. 1 vol. grand in-18 jésus. 3 50

Portraits intimes du dix-huitième siècle, études nouvelles d'après les lettres autographes et les documents inédits, par MM. Edmond et Jules de Goncourt. 2 jolis vol. in-18. 6 »
Il en a été tiré 100 exemplaires sur papier vergé. 12 »

Une Possédée en 1862, par Isabelle Julliard. 1 vol. grand in-18 jésus. 2 »

Le Poste de la Gaité, par Louis Andrieux. 1 vol. grand in-18 jésus. 2 »

Du Pouvoir et de la Liberté, par Pierre Mancel de Bacilly. 1 vol. in-12. 3 »

Le Pouvoir temporel du Pape, par M. le chevalier Bon-Compagni, député au Parlement italien, ministre plénipotentiaire de S. M. le roi d'Italie. Traduction et préface de Ladislas Mickiewicz, avec introduction d'Armand Lévy. 1 vol. gr. in-8°. 6 »

Le Premier Amour d'une Jeune Fille, par Lardin et Mie d'Aghonne. 1 vol. grand in-18 jésus. 3 »

Les Princesses russes prisonnières au Caucase. Souvenirs d'une Française captive de Chamyl, par Edouard Merlieux. 2ᵉ éd., 1 joli vol. gr. in-18 jésus, illustrations de J. Bazin. 3 50

Du Principe fédératif et de la nécessité de reconstituer le parti de la Révolution, par P.-J. Proudhon. 1 vol. grand in-18 jésus. 3 50

Le Prophète du XIXᵉ siècle, ou vie des Saints des derniers jours (Mormons), par Madame Hortense G. du Fay. 1 v. in-8 2 »

De la Propriété intellectuelle, étude par MM. Frédéric Passy, Victor Modeste et Paillottet. 1 vol. grand in-18 jésus. 3 »

Les Quarante médaillons de l'Académie, par J. Barbey d'Aurevilly. 1 vol. grand in-18 jésus. 2 »

Quatorze de Dames, scènes de la vie militaire, par A. du Casse. 1 vol. grand in-18 jésus. 3 »

Les Quatre coins de Paris, par Léo Lespès. 1 vol. grand in-18 jésus. 3 »

Les Quatre filles Aymon, par Lucien d'Hura. 1 vol. grand in-18 jésus. 3 »

Quatre Mois de l'expédition de Garibaldi en Sicile et en Italie, par Durand-Brager. 1 vol. grand in-18 jésus, illustré par l'auteur. 3 50

Quelques Pages de Vérités, par Pierre Leroux. 1 vol. in-32. » 50

Quelques Vérités utiles, Pensées, sentences et maximes sur divers sujets, recueillies par M. de ... 1 joli vol. in-18. 3 »

La Question des Filles à marier, par G. Fourcade-Prunet. 2ᵉ édit. 1 vol. grand in-18 jésus. 2 »

Raffet, sa Vie et ses Œuvres, par Auguste Bry. 1 vol. grand in-8°, accompagné de deux portraits lithographiés, de deux eaux-fortes et de quatre fac-simile. 5 »

Raymond, étude par Charles de Mouy. 1 beau vol. grand in-18 jésus. 3 »

Le Rationalisme devant la Raison, par l'abbé DE CASSAN FLOTRAC, du clergé de Paris, chanoine honoraire de Chartres et de Troyes, docteur en théologie. 1 vol. in-8°. 3 50

Récits Bretons, par M. A. D'AMEZEUIL. 1 vol. gr. in-18 jésus. 3 »

Récits d'un Chasseur, par IVAN TOURGUÉNEF, traduits par H. DELAVEAU. 2° édition. 1 beau vol. grand in-18 jésus, illustré de jolies vignettes dessinées par GODEFROY DURAND. Exemplaires sur vélin. 6 »

Recueil d'Armoiries des Maisons nobles de France (Ire série) contenant la description de plus de 13,000 blasons, par H. GOURDON DE GENOUILLAC, auteur de la *Grammaire héraldique*. 1 très-beau vol. in-8°. 8 »
La 2° série est *sous presse*.

La Régence galante, par AUGUSTIN CHALLAMEL. 2° édition. 1 vol. grand in-18 jésus, avec portrait. 3 »

La Religion au point de vue du Progrès et de l'Humanité, par BERTRAND. 1 vol. grand in-18 jésus. 1 »

La Religion des Imbéciles, par HENRY MONNIER. 1 vol. grand in-18 jésus. 3 »

Remède contre la Mort, par H. LEMÊME. 1 vol. in-8°. 3 »

Réminiscences sur l'Empereur Alexandre Ier et sur l'Empereur Napoléon Ier, par madame la comtesse DE CHOISEUL-GOUFFIER, née comtesse DE TISENHAUS. 1 vol. in-8°. 5 »

De la Représentation nationale en France, par J. GUADET. 1 vol. grand in-18 jésus. 3 »

La Réputation d'une Femme, par madame URBAIN RATTAZZI (MARIE DE SOLMS). 3° édit. 1 beau vol. grand in-18 jésus, orné d'un portrait. 3 »

Les Requins de l'Atlantique, roman inédit, par H.-EMILE CHEVALIER. 1 vol. grand in-18 jésus. 3 »

Les Résidences royales de la Loire, par JULES LOISELEUR, bibliothécaire de la ville d'Orléans. 1 beau vol. grand in-18 jésus orné de gravures sur bois dessinées par A. RACINET. 3 50

Rêves de jeunesse, poésies par mademoiselle JENNY SABATIER, précédées de deux lettres de M. A. DE LAMARTINE et de M. MÉRY. 1 vol. grand in-18 jésus. 4 »

Rêves poétiques, par ALFRED DE MONTVAILLANT. 1 vol. grand in-18 jésus. 3 »

Révolution navale.—L'Angleterre continentale, ou Il n'y a plus de Manche, par F. BILLOT, avocat, auteur des *Lettres franques*. 1 vol. grand in-18 jésus. 2 »

Les Révolutions du Mexique, par GABRIEL FERRY, avec une préface de GEORGE SAND. 1 vol. grand in-18 jésus. 3 »

Du Rhythme, des effets qu'il produit et de leurs causes, par D. Beaulieu, membre correspondant de l'Académie des Beaux-Arts de l'Institut de France. 1 vol. grand in-8°. 4 50

Rimes légères, Chansons et Odelettes, par Auguste Barbier. 2ᵉ édition. 1 vol. grand in-18 jésus. 3 50

Rire et Satire. Anecdotes, pensées, fariboles, actualités, par Emile Chevalet et Eugène Audray. 1 vol. in-18 orné de vignettes. » 50

Roger, poëme de la vie, par le marquis de Valori, prince Rustichelli. 1 vol. in-8°. 5 »

Le Roi Victor-Emmanuel. (1820-1864.) Souvenirs comtemporains, par Charles de la Varenne. Photog. du roi par Carjat. 1 vol. grand in-18 jésus. 3 50

Le Roman de la Femme à barbe, par Pierre Véron. 1 vol. gr. in-18 jésus. 3 »

Le Roman de Molière, suivi de fragments sur sa vie privée d'après des documents nouveaux, par Edouard Fournier. 1 charmant vol. elzévir. in-18. 3 »

Le Roman du Mari, par Amédée Achard. 2ᵉ édition. 1 volume grand in-18 jésus. 2 »

Les Romanciers grecs et latins, par Victor Chauvin. 1 vol. grand in-18 jésus. 3 »

Rome en Provence, chroniques et légendes du Palais des Papes à Avignon, par Jules de Saint-Félix. 1 vol. grand in-8°. 3 »

Les Rômes, histoire vraie des vrais Bohémiens, par S. A. Vaillant, fondateur du collége de Bucharest. 1 vol. in-8° orné de fig. 10 »

Rose des Alpes, légende par Jules de Gères. 1 fort vol. gr. in-18 jésus orné de trois eaux-fortes dessinées par Léon Drouin. 3 »

Rude, sa vie, ses œuvres, son enseignement. — Considérations sur la sculpture. 1 vol. in-8° avec un portrait gravé sur acier et deux figures explicatives gravées sur bois. 3 »

Ruses d'amour, par Émile Gaboriau. 1 vol. gr. in-18 jésus, avec une vignette gravée sur acier. 3 »

La Russie Rouge, par le prince Alexandre Troubetzkoy. 1 vol. grand in-8°. 4 »

De la Santé et du Bonheur, petit cadeau à ses amis, par J.-N. Bidaut. 1 vol. in-32. » 60

Satires parisiennes du xixᵉ siècle, par Edouard-Gabriel Rey, auteur du poëme : *Amour et Charité.* 1 vol. gr. in-18 jésus. 2 50

Un Sauvage à Paris, par Gaston Fourcade-Prunet. 1 vol. gr. in-18 jésus. 3 »

La Scandinavie, ses craintes, ses espérances, par G. Lallerstedt. 1 vol grand in-18 jésus avec une carte. 3 50

Scènes populaires, par Henry Monnier. Nouvelle édit. illustrée par l'auteur. 1 très-joli vol. petit in-8°. (*Sous presse.*) 6 »

Les Secrets de l'Industrie et de l'Économie domestique, mis à la portée de tous. Choix de recettes et de procédés utiles, la plupart nouveaux et inédits. Moyens simples et faciles de reconnaître les falsifications, par MM. A. Chevalier fils, E. Grimaud fils et A. Chevalier. 1 vol. in-8°. 5 »

La Semaine sainte à Jérusalem, par Louis Deville. 1 joli vol. grand in-18 jésus orné d'une vignette dessinée par C. Runhardt. 2 »

Séraphin, mœurs villageoises, par Emile Leclercq. 1 vol. grand in-18 jésus. 2 50

Une Série d'aventures, par le général Maha d'Orgoni. 1 vol. in-8°. 3 50

Le Servage des Gens de Mer, lettres à Son Eminence le cardinal Mathieu, par Benard. 1 vol. gr. in-18 jésus. 2 »

La Signora di Monza et son procès (1595-1609), par A. Renzi, membre et administrateur de l'Institut historique de France, etc. 1 vol. in-8°. 4 »

Simples Récits, par Léon Guérin. 1 vol. gr. in-18 jésus. 2 »

Six ans en Amérique (Californie et Orégon), par l'abbé L. Rossi, missionnaire. 2º édit. 1 vol. in-8°, accompagné de cartes topographiques. 4 »

Le Socialisme pendant la Révolution française, par Amédée Le Faure. 1 vol. grand in-18 jésus. 3 »

Les Socialistes depuis Février. Portraits critiques et biographiques, esprit et tendances des réformateurs modernes, par Jules Breynat, docteur en droit. 4e édit. 1 vol. grand in-18 jésus. 2 50

La Sœur de charité au XIXᵉ siècle, poëme qui a remporté le prix décerné par l'Académie française, dans sa séance publique du 25 août 1859, par mademoiselle Ernestine Drouet. 1 joli petit vol. in-18. » 50

Les Soirs d'Octobre, poésies par Paul Juillerat. 1 vol. grand in-18 jésus, imprimé avec luxe chez Perrin, de Lyon, et tiré sur papier vergé à un petit nombre d'exemplaires numérotés. 5 »

Le Solitaire de la Tour d'Avance, par le vicomte du Gout d'Albret. 1 vol. grand in-18 jésus. 3 «

Sonnets, Iambes et Ballades, par E. de Sars. 1 vol. grand in-18 jésus. 3 50

La Sorcière, par J. Michelet. 1 vol. gr. in-18 jésus. 3 50

Les Souffre-Plaisir, par Pierre Véron. 3ª édition. 1 vol. grand in-18 jésus. 3 »

Souvenirs des Campagnes d'Italie et de Hongrie, par le général marquis de Pimodan. Nouv. édit. 1 beau vol. grand in-18 jésus. 3 »

Souvenirs de Voyage et de Guerre, par Miecislas Kamienski, tué à Magenta. 1 vol. grand in-18 jésus. 3 »

Souvenirs d'un voyage au Mexique, par mademoiselle Elisa Zeiller. 1 vol. grand in-18 jésus. 3 »

Souvenirs et impressions littéraires, par George Sand. 1 vol. grand in-18 jésus. 3 »

Souvenirs d'une Chemise rouge, par Ulric de Fonvielle, avec une préface de M. Clément Duvernois. 1 vol. gr. in-18 jésus. 2 »

Souvenirs d'un Médecin de Paris, par le docteur H. Mettais. 1 vol. grand in-18 jésus. 3 »

Souvenirs de France et d'Italie dans les années 1830, 1831 et 1832, par le comte Joseph d'Estourmel. 1 fort vol. grand in-18 jésus. 4 »

Souvenirs intimes d'un vieux Chasseur d'Afrique. Récits du brigadier Flageolet, recueillis par Antoine Gandon, avec une préface par Paul d'Ivoi, illustrations de Worms, gravure de Polac. 4ᵉ édit. 1 joli vol. grand in-18 jésus. 3 50

Souvenirs du marquis de Valfons, vicomte de Sebourg, comte de Blandèques, baron d'Hellesmes, lieutenant-général des armées du roi Louis XV, etc., publiés par son arrière-petit-neveu le marquis de Valfons. 1 vol. grand in-18 jésus. 3 50

Souvenirs de Voyages. Les provinces du Caucase et l'Empire du Brésil, par le comte de Suzannet. 1 vol. in-8°. 7 50

Stations poétiques, heures d'Amour et de Douleur, par Sébastien Rhéal de Céséna, auteur du *Monde dantesque*, etc. 1 vol. grand in-18 jésus. 1 »

Les Strauss français, lettres critiques sur les doctrines anti-religieuses de MM. Littré et Renan, membres de l'Institut, suivies du Musée philosophique tiré des œuvres de ces auteurs, et de la réfutation du système de Strauss sur la résurrection, par M. de Plasman, ancien magistrat. 1 vol. grand in-18 jésus. 3 »

Les Stations d'un Touriste, par A. DE BERNARD. 1 vol. grand in-18 jésus. 3 »

Sylvie, étude, par E. FEYDEAU. 6ᵉ édit. 1 vol. gr. in-18 jésus. 3 »

Des Syndicats et de l'enseignement professionnel, organisation des forces industrielles, par J.-A. GENTIL. 1 vol. in-8°. 3 »

La Syrie, la Palestine et la Judée, pèlerinage à Jérusalem et aux Lieux-Saints, par le Révérend P. LAORTY-HADJI. 1 vol. grand in-18 jésus. 3 »

Tableaux de genre. Les Amours d'un Aveugle. — Comment l'amour vient aux loups. — La maison Hubert, etc., par ÉMILE LECLERCQ. 1 vol. grand in-18 jésus. 2 50

Tableau du vieux Paris.—Les Spectacles populaires et les artistes des rues, par VICTOR FOURNEL. 1 fort vol. grand in-18 jésus. 3 50

Tablettes des révolutions de la France, de 1789 à 1848. Etudes sur leurs secrets, ou conflits des pouvoirs souverains dans les affaires d'Etat, par M. CADIOT. 4ᵉ édit. 1 vol. in-18. 2 »

Les Talons rouges, esquisses de mœurs au XVIIIᵉ siècle, par GUSTAVE DESNOIRESTERRES. 1 vol. grand in-18 jésus. 2 »

Terentius, traduit en vers français par le major TAUNAY. 2 vol. grand in-18 jésus ornés de figures. 8 »

Théophraste Renaudot, créateur du journalisme en France. Etude sur le XVIIᵉ siècle, par le docteur F. ROUBAUD. 1 vol. grand in 18 jésus. 3 »

Théorie de l'Impôt, par P.-J. PROUDHON. Ouvrage qui a remporté le prix sur la question mise au concours par le Conseil d'Etat du canton de Vaud. 2ᵉ édit. 1 vol. grand in-18 jésus. 3 50

Thérèse, histoire d'hier, par ERNEST DAUDET. 1 vol. grand in-18 jésus. 2 »

Tonton, Tontaine, Tonton ! Récits de chasse, par LÉON BERTRAND. Illustrations de MARTINUS. 1.v. gr. in-18 jésus. 3 50

Nos Toquades, revue de 1863. Almanach et album comique pour 1864, par BARIC. In-4°. 1 »

Un Tour au Salon.—Exposition des Beaux-Arts de 1863.—Album comique par BARIC. In-4°. 1 »

Traité élémentaire et pratique de la Tenue des livres en partie double, par CAMILLE SICARD. 1 vol. grand in-8°. 3 »

Une Trappe pour prendre un Rayon de Soleil, nouvelle traduite de l'anglais par madame la marquise DE S... 1 vol. gr. n-18 jésus. 1 »

Les Travailleurs de Septembre 1792, documents sur la Terreur, publiés par le comte Horace de Vieil-Castel. 1 vol. petit in-8° couronne, imprimé avec luxe en deux couleurs et tiré à un petit nombre d'exemplaires numérotés. 3 »

A travers la Science.—Album d'enseignement universel à l'usage de la jeunesse des deux sexes et des gens du monde, par M. Martin d'Oisy. 1 vol. gr. in-18 jésus. 2 »

Trente Jours à Messine, par le vicomte de Noé. 1 vol. grand in-18 jésus. 1 »

Trente-neuf Hommes pour une Femme, épisode de la colonisation du Canada, par H.-Emile Chevalier. 3ᵉ édition. 1 vol. grand in-18 jésus. 3 »

Tribulations d'un joyeux Monarque, par Antony Méray. 1 vol. grand in-18 jésus. 3 »

La Tribune des Linguistes, par Casimir Henricy. 1 très-fort vol. grand in-8°. 10 »

Les Tricheurs, scènes de jeu, par le vicomte de Caston. 1 vol. grand in-18 jésus orné d'un portrait. 3 »

Tristia, *Histoire des misères et des fléaux de la chasse de France*, par A. Toussenel. 1 beau vol. grand in-18 jésus. 5 »

Trois Mois de la Vie de J.-J. Rousseau, journal anecdotique de Gaspard Bovier, publié par A. Ducoin. 1 vol. in-8°. 2 »

Le Troupier tel qu'il est... à cheval, par Dubois de Gennes. 1 vol. grand in-18 jésus. 3 »

Valdieu, par M. L.-A. Duval. 1 vol. grand in-18 jésus. 3 »

Les Valets de grande maison, par Ange de Kéraniou. 1 vol. grand in-18 jésus. 3 »

La Vénerie contemporaine.—I. Histoire anecdotique des veneurs, chasseurs, chevaux et chiens illustres de notre temps. II. Les Passionnés et les Excentriques, par le marquis de Foudras. 2 vol. grand in-18 jésus. Chaque vol. 3 »

Le Véritable Manuel des Participes français; premier Dictionnaire grammatical des 8,000 *participes présents* et des 8,000 *participes passés* de la langue française, avec la solution de toutes les difficultés inhérentes à chaque participe, par Bescherelle jeune. 1 fort vol. grand in-18 jésus. 7 50

La Vie à ciel ouvert, par Marc Pessonneaux. 2 vol. grand in-18 jésus. 5 »

Le Vagabond, par Etienne Enault. 1 v. gr. in-18 jésus. 2 »

La Vie en Chemin de fer, par Benjamin Gastineau. 1 vol. grand in-18 jésus. 2 »

La Vie et la Mort de Charles-Albert, par Louis Cibrario, ministre d'État, sénateur du royaume d'Italie, traduit en français et annoté par Charles de La Varenne. 1 beau vol. grand in-18 jésus, orné de deux portraits gravés. 4 »

Vie militaire du lieutenant général comte Friant, par le comte Friant, son fils. 1 vol. in-8° avec carte et *fac-simile*. 5 »

Vie de Schiller, par Alexandre Weill, 1 vol. in-8°. 1 50

Le Vieux Musicien, par A. Mazon. 1 fort vol. gr. in-18 jés. 3 »

Le Vieux-Neuf, histoire ancienne des inventions et découvertes modernes, par Édouard Fournier. 2 jolis v. in-18. (*Épuisé.*)

Vingt Semaines de séjour à Munich, par le baron Thiébault. 1 vol. in-8°. 5 »

Une Voiture de Masques. Légendes du xixe siècle, par MM. Ed. et Jules de Goncourt. 1 vol. grand in-18 jésus. 3 »

Une Voix dans la solitude, par Achille du Clésieux. 1 vol. grand in-18 jésus. 3 »

Voilà l'Homme! Ses qualités et ses défauts, ses vertus et ses vices appréciés et jugés par une femme, Isabine de Myra. 1 vol. grand in-18 jésus. 3 »

Voltaire et Madame du Châtelet. Révélations d'un serviteur attaché à leurs personnes, et pièces inédites, publiées avec commentaires et notes historiques, par d'Albanès Havard. 1 vol. grand in-18 jésus. 3 »

Voyage aux Alpes, par J.-M. Dargaud. 1 vol. grand in-18 jésus. 3 50

Voyage au pays des Mormons. — Relation. — Géographie. — Histoire naturelle. — Théologie. — Mœurs et coutumes, par Jules Remy. 2 vol. grand in-8°, ornés de 10 gravures sur acier et d'une carte. 20 »

Voyage autour d'une Volière, par Lacombe. 1 joli vol. gr. in-18 jésus, illustré de 8 eaux-fortes, dessin. par madame Lacombe. 3 »

Voyage du Géant, de Paris à Hanovre en ballon, par EUGÈNE D'ARNOULT. 1 joli volume in-32.	1 »
Voyage en Auvergne. Gergovia, le Mont-Dore et Royat, par LOUIS NADEAU. 1 vol. grand in-18 jésus.	3 50
Voyage en Perse, dans l'Afghanistan, le Béloutchistan et le Turkestan, par J.-P. FERRIER, ancien adjudant général dans l'armée persane, chevalier de la Légion d'honneur, etc. 2 vol. in-8°, avec portrait et carte.	12 »
Voyage religieux en Orient, par M. l'abbé J.-N. MICHON. 2 vol. in-8° avec gravures et plans.	10 »
Le Vrai livre des Femmes, par madame EUGÉNIE NIBOYET. 1 vol. grand in-18 jésus.	2 »
Windsor, le château et son histoire, la forêt, Richmond et Hampton-Court, récits et souvenirs, par LOUIS DÉPRET. 1 vol. grand in-18 jésus.	2 »
Les Zouaves de la mort, épisode de l'insurrection polonaise de 1863, par H. Augu. 1 vol. grand in-18 jésus.	3 »

ENCYCLOPÉDIE HYGIÉNIQUE PAR M. A. DEBAY.

Format grand in-18 jésus.

Le Cœur et l'Ame. 1 beau volume. 3 »

Histoire naturelle de l'Homme et de la Femme depuis leur apparition sur le globe terrestre jusqu'à nos jours, suivie de l'histoire des Métamorphoses et Monstruosités humaines, etc., etc. 10ᵉ édition. 1 fort volume orné de 10 gravures. 3 »

Histoire des Sciences occultes depuis l'antiquité jusqu'à nos jours. 1 fort volume. 3 »

Hygiène alimentaire. Histoire simplifiée de la digestion des aliments et des boissons, à l'usage des gens du monde. 1 vol. 3 »

Hygiène des Baigneurs. Histoire des Bains en général chez les anciens et les modernes. — Conduite du baigneur avant, pendant et après le bain. 4ᵉ édit. 1 volume. 2 50

Hygiène complète des Cheveux et de la Barbe. 2ᵉ édition. 1 volume. 2 50

Hygiène médicale du Visage et de la Peau. 3ᵉ édit. 1 vol. 2 50

Hygiène des Pieds et des Mains, de la poitrine et de la taille. 2ᵉ édit. 1 volume. 2 50

Hygiène et perfectionnement de la Beauté humaine. Moyens de développer et de régulariser les formes. 2ᵉ édit. 1 vol. 2 50

Hygiène et physiologie du Mariage. Histoire naturelle et médicale de l'homme et de la femme mariés. 31ᵉ édit. 1 vol. 3 »

Hygiène des Plaisirs. 1 volume. 3 »

Hygiène vestimentaire. Les Modes et les Parures chez les Français, depuis l'établissement de la monarchie jusqu'à nos jours. 1 volume. 3 »

Hygiène et Gymnastique des organes de la Voix parlée et chantée, à l'usage des chanteurs et des artistes dramatiques. 2ᵉ édition. 1 fort volume. 3 »

EXTRAIT DU CATALOGUE.

Laïs de Corinthe (d'après un manuscrit grec) **et Ninon de Lenclos**, biographies anecdotiques de ces deux femmes célèbres. 2ᵉ édit. 1 volume. 3 »

Les Mystères du Sommeil et du Magnétisme, ou Physiologie anecdotique du Somnambulisme naturel et magnétique.— Songes,—extases,—visions, etc., etc. 5ᵉ édit. 1 volume. 3 »

Les Nuits corinthiennes, ou les Soirées de Laïs. 2ᵉ édition. 1 volume. 3 »

Nouveau Manuel du Parfumeur-Chimiste. Les Parfums de la toilette et les Cosmétiques les plus favorables à la beauté sans nuire à la santé. 4ᵉ édit. 1 volume. 2 »

Les Parfums et les Fleurs, histoire des phénomènes les plus remarquables et des curieux mystères de l'empire de Flore. 3ᵉ édition. 1 volume. 2 50

Philosophie du Mariage, faisant suite à l'*Hygiène du mariage*, étude sur l'Amour, le Bonheur, la Fidélité, les Sympathies et les Antipathies conjugales. 5ᵉ édit. 1 volume. 2 50

Physiologie descriptive des 30 Beautés de la Femme. Analyse historique de ses perfections et de ses imperfections. 4ᵉ édit. 1 volume. 2 50

MÉDECINE.

Conseils aux hommes affaiblis. — Traité de l'impuissance et de l'épuisement nerveux, suite des excès de jeunesse. — Exposé des avantages d'un traitement végétal, dépuratif, rafraîchissant, anti-nerveux, pour guérir les maladies lentes, opiniâtres, humorales, nerveuses et inflammatoires de tous nos organes, ainsi que les dartres et les maladies contagieuses, par le docteur Belliol. 1 fort vol. in-8° spécialement écrit pour les malades. 10ᵉ édition, avec planche anatomique et portrait de l'auteur. 7 »

Éducation physique et morale des Nouveau-Nés, suivie de l'importance de l'allaitement pour la mère, par le docteur J. Gauneau, médecin des Crèches. 1 vol. grand in-18 jésus. 1 50

Hygiène des Enfants nouveau-nés, par le docteur Declat. 1 vol. gr. in-18 jésus. 3 »

De l'Influence des Voyages sur l'homme et sur les maladies, par F. Dancel, docteur en médecine. 1 vol. in-8°.   7 »

Manuel de bons Secours, ou Guide des familles dans les soins à donner aux malades en l'absence du médecin, par le docteur Josat. 1 vol. grand in-18 jésus.   2 »

La Médecine nouvelle basée sur des principes de physique et de chimie transcendentales, et sur des expériences capitales, etc., par Louis Lucas. 2 vol. grand in-18 jésus.   8 »

Quatre Ans à Grœffenberg. Manuel hygiénique hydropathique, d'après les notes manuscrites de M. Priessnitz, par M. Rul. 1 vol. in-8°.   3 »

Des Remèdes réputés spécifiques contre la Goutte, des moyens mis en usage pour prévenir le retour des accès, etc., par le docteur Aulagnier. 1 vol. grand in-18 jésus.   3 »

MAGNÉTISME ET SCIENCES OCCULTES.

L'Arbre de la Science, par Eugène Huzar. 1 vol. in-8°.   4 »

L'Art de former les Somnambules. Traité pratique du Somnambulisme magnétique, à l'usage des gens du monde et des médecins qui veulent apprendre à magnétiser, par M....... de Montpellier. 1 vol. in-8°.   2 »

La Bouche humaine. Physiologie, physiognomonie, hygiène, par le docteur Dorigny. 1 vol. grand in-18 jésus.   3 »

Chiromancie nouvelle, les Mystères de la main révélés et expliqués; art de connaître la vie, le caractère, les aptitudes et la destinée de chacun, d'après la seule inspection des mains, par Ad. Desbarrolles. 4e édition, revue et corrigée. 1 très-fort vol. grand in-18 jésus, avec figures.   4 »

La Clef de la Vie, l'homme, la nature, les mondes, Dieu, anatomie de la vie de l'homme. Révélations sur la science de Dieu, inspirées à Louis Michel, de Figanières, recueillies et présentées par C. Sardou et L. Pradel. 2e édit. 2 vol. in-8°.   12 »

Cours de Magnétisme animal en douze leçons, par M. MILLET, fondateur archiviste de la Société magnétique de Paris. 1 vol. grand in-18 jésus. 3 »

Curiosités des sciences occultes, par P.-L. JACOB, le Bibliophile. 1 fort vol. in-18 jésus. 3 »

Doctrines des Sociétés secrètes, ou Épreuves, régime, Esprit, Instructions, Mœurs des initiés aux différents grades des mystères d'Isis, de Mithra, des Chevaliers du Temple, des Carbonari et des Francs-Maçons, par HENRI DELAAGE. 3ᵉ édition. (*Sous presse.*)

Le Droit humain, Code naturel de morale sociale, expliqué par la Céphalométrie, par ARMAND HAREMBERT. 1 vol. grand in-8°. 5 »

L'Éternité dévoilée, ou Vie future des Ames après la mort, par HENRI DELAAGE. 4ᵉ édit. 1 vol. grand in-18 jésus orné du portrait de l'auteur. 3 »

Le Grand Livre du Destin. Répertoire général des sciences occultes, d'après Albert le Grand, N. Flamel, Paracelse, C. Agrippa, Eteilla, Gall, Lavater, etc.; contenant le Dictionnaire explicatif des Songes.—l'art de connaître l'Avenir,—l'art de tirer les Cartes et de dire la Bonne Aventure,—le Langage des Fleurs, —l'art de la Magie noire et blanche, etc., par A. FRÉDÉRIC DE LA GRANGE. 5ᵉ édition. (*Sous presse.*)

Le Livre des esprits spiritualistes, réfutant la réincarnation, ou Recueil de communications obtenues par divers médiums et publiées par ANATOLE BARTHE, suivi d'une réfutation du livre de M. H. RENAUD, Destinée de l'homme dans les deux mondes, par madame NORDMANN, médium. 1 vol in-18 jésus. 1 50

La Magicienne. Manière d'apprendre en un instant à expliquer et tirer les cartes, et à faire des réussites, par Mlle HORTENSE ***. Nouvelle édition. 1 vol. in-16. 1 »

La Magie au XIXᵉ siècle, ses agents, ses vérités, ses mensonges, par le chevalier GOUGENOT DES MOUSSEAUX, précédée d'une lettre adressée à l'auteur par le P. VENTURA. 1 vol. in-8°. 6 »

La Magie Maternelle. 1 vol. grand in-18 jésus. 3 »

Magie du XIXᵉ siècle,—Ténèbres, par A. MORIN. 1 vol. grand in-18 jésus, orné d'un grand nombre de figures. 3 50

Le Magnétisme, le Somnambulisme et le Spiritualisme dans l'histoire.— Affaire curieuse des possédées de Louvain, explications et rapprochements avec les faits actuels produits par M. Home. Par Z. PIÉRART. brochure in-8°. 1 »

Manuel élémentaire de l'aspirant Magnétiseur, par J.-A. GENTIL. 2ᵉ édition. 1 fort vol. grand in-18 jésus. 2 50

Le Monde prophétique, *ou* Moyens de connaître l'avenir, employés par les sibylles, les pythies, les aruspices, les sorcières, les tireuses de cartes, les chiromanciennes et les somnambules lucides, par HENRI DELAAGE, suivi de la biographie du somnambule ALEXIS. 3ᵉ édit. 1 vol. grand in-18 jésus. (*Sous presse.*)

Le Monde occulte, *ou* Mystères du magnétisme, par HENRI DELAAGE, précédé d'une introduction par le Père LACORDAIRE. 5ᵉ édition, revue et augmentée. 1 vol. grand in-18 jésus. 1 50

Le Monde spirituel, *ou* Science chrétienne de communiquer intimement avec les puissances célestes et les âmes heureuses, par GIRARD DE CAUDEMBERG. 1 vol. grand in-18 jésus. 3 »

Les Mondes habités, révélations d'un esprit développées et expliquées par WILLIAM SNAKE. 1 vol. grand in-18 jésus. 2 »

Le Mystère des Temps dévoilé, esquisse du plan général du Créateur, par LA PARRAZ. Broch. in-8°. 1 50

Nouveau Manuel du Magnétiseur praticien, par ANT. REGAZZONI, précédé d'une introduction par un Magnétiseur spiritualiste. 1 vol. grand in-18 jésus. 1 »

Nouvelle Organographie du Crâne humain, *ou* la Phrénologie rectifiée, simplifiée et mise à la portée de tout le monde, par ARMAND HAREMBERT. Brochure grand in-8° avec figures. 1 50

Perfectionnement physique de la race humaine, *ou* Moyen d'acquérir la beauté, par HENRI DELAAGE. 1 vol. grand in-18 jésus. 1 50

Philosophie magnétique, les Révolutions du temps, synthèse prophétique du xixᵉ siècle, par A. MORIN. 1 vol. grand in-18 jésus. 3 »

Les Ressuscités au Ciel et dans l'Enfer, par HENRI DELAAGE. 2ᵉ édition. 1 vol. in-8°. 5 »

Révélations sur ma vie surnaturelle, par DANIEL DUNGLAS HOME. 2ᵉ édition. 1 vol. grand in-18 jésus. 3 50

Le Sommeil magnétique expliqué par le somnambule ALEXIS en état de lucidité. 2ᵉ édition. 1 vol. grand in-18 jésus, orné du portrait de l'auteur. 2 »

Le Spiritualisme, *ou* le Règne de Dieu et le Nouveau Monde. Nouvelle Doctrine messiale, par Jean-Louis Vaïsse. 2 vol. in-8°.
Tome I. Grammaire universelle des lois fondamentales qui régissent le monde physique et le monde moral. 1° Théorie des effets et des causes ; 2° théorie des natures ; 3° théorie des individualités. 5 »
Tome II. Économie naturelle. — 1° Agriculture ; 2° industrie ; 3° commerce. 5 »

Les Superstitions du Paganisme renouvelées, *ou* le Spiritisme dévoilé par un Esprit de ce monde. 1 v. gr. in-18 jésus 3 »

La Vérité, Fusion du matérialisme et du spitualisme opérée par la connaissance simultanée du magnétisme et de la phrénologie, par Armand Harembert. Broch. gr. in-8° avec figures. 1 50

Vie universelle, explication, selon la science vivante et fonctionnante, de Dieu, de la vie des êtres, des forces de la nature et de l'existence de tout, par Louis Michel, de Figanières, auteur de *la Clef de la Vie*. 1 vol. in-8°. 7 50

TABLE PAR NOMS D'AUTEURS.

AMÉDÉE ACHARD.
Le Roman du mari.... 1
Mlle AISSÉ.
Lettres............... 1
J.-E. ALAUX.
Laure................. 1
D'ALBANÈS-HAVARD.
Voltaire et Madame du Châtelet............. 1
V. ALEXANDRI.
Ballades et Chants popul. de la Roumanie. 1
ALEXIS.
Le Sommeil magnétique 1
A. D'AMEZEUIL.
Légendes bretonnes... 1
Les Parias de l'Amour.. 1
Récits bretons........ 1
AMIGUES.
L'État-Romain........ 1
L. ANDRIEUX.
Le Poste de la Gaîté.. 1
ARMENGAUD.
Escapades d'un homme sérieux.............. 1
E. ARNAL.
Boutades en vers...... 1
EUG. D'ARNOULT.
Voyage du Géant..... 1
CHARLES AUBERT.
Femmes vues au stéréoscope........... 1
H. AUDIBERT.
Indiscrétions et confidences.............. 1
L. AUDIFFRET.
Entre deux paravents. 1
Poëmes du Foyer.... 1
OLYMPE AUDOUARD.
Comment aiment les Hommes............. 1
Histoire d'un Mendiant 1
Un Mari mystifié..... 1
Les Mystères du Sérail. 1
H. AUGU.
Les Zouaves de la Mort. 1
Les Faucheurs polonais. 1
AULAGNIER.
Des Remèdes contre la goutte............... 1
EUG. D'AURIAC.
Histoire anecd. de l'Industrie française..... 1
PAUL AVENEL.
Le Duc des moines.... 1

CLÉMENCE BADÈRE.
Dans les Bosquets..... 1
L. BAILLEUX.
Le Pâtissier moderne.. 1
BARBEY D'AUREVILLY.
Les Quarante médaillons de l'Académie....... 1
AUGUSTE BARBIER.
Iambes et Poëmes..... 1
Jules César........... 1
Poésies diverses....... 1
Rimes légères, Chansons et Odelettes.... 1
F. DE BARGHON FORT-RION.
Mémoires de Madame Élisabeth de France. 1
A. DE BARRÈS DU MOLARD
Mémoires sur les guerres de la Navarre... 1
BARIC.
Album comique....... 1
Nos Toquades, revue de 1863............ 1
BARRILLOT.
La Mascarade humaine. 1
ED. DE BARTHÉLEMY.
Critique contemporaine 1
ARMAND BARTHET.
Horace. Odes gaillardes 1
J.-B. BASSINET.
Apollino.............. 1
DE BASTARD D'ESTANG.
La Noblesse d'Armagnac en 1789........ 1
N. BATJIN.
Histoire de la Noblesse de France.......... 1
F. BAUCHER.
Dictionnaire raisonné d'équitation......... 1
A.-MARC BAYEUX.
Contes et profils normands............. 1
Une Femme de cœur.. 1
D. BEAULIEU.
Du Rhythme.......... 1
E. BEAUVOIS.
Contes populaires de la Norwège............ 1
BELLIOL.
Conseils aux hommes affaiblis............ 1
A. DE BERNARD.
Stations d'un touriste.. 1

BENARD.
Le Servage des gens de mer............. 1
J. BERNARD.
Béranger et ses chansons............... 1
A. BERTEUIL.
L'Algérie française.... 2
LÉON BERTRAND.
La Chasse et les Chasseurs.............. 1
Tonton, tontaine, tonton................. 1
BERTRAND.
La Religion au point de vue du Progrès... 1
BESCHERELLE.
L'Art de la correspondance............... 2
Les cinq Langues..... 4
Véritable manuel des participes français... 1
LÉON BEYNET.
Les Drames du Désert. 1
J.-N. BIDAUT.
De la Santé et du bonheur............... 1
F. BILLOT.
Lettres franques à Napoléon III........... 1
Révolution navale.... 1
L.-CH. BIZET.
Du Commerce de la boucherie........... 1
E. BLANC.
Les Mystères de la boucherie.............. 1
BLANC DE St-BONNET.
L'Infaillibilité......... 1
BLOT-LEQUESNE.
De l'Autorité......... 1
F. BODENSTEDT.
Les Peuples du Caucase 1
BON-COMPAGNI.
Le Pouvoir temporel du Pape................ 1
MARIA BONIN.
Deux années en Pologne............... 1
BONNET.
Manuel du capitaliste.. 1
J. BONNET.
La Poésie devant la Bible 1
BOREL D'HAUTERIVE.
Annuaire de la Noblesse.21
Armorial de Flandre... 1

A. BOULLIER.
Essai sur la Civilisation en Italie............ 2

P. DE BOURGOING.
Episodes militaires et politiques.............. 1
Itinéraire de Napoléon Ier de Smorgoni à Paris. 1

VICTOR BOUTON.
L'Ancienne Chevalerie de Lorraine......... 1

F. BOUVET.
Établissement d'un Droit public européen..... 1

C. DU BOUZET.
La Jeunesse de Catherine II............... 1

G. BOVIER.
Trois mois de la vie de J.-J. Rousseau...... 1

J. DU BOYS.
La Jeunesse amoureuse 1

J. BOZÉRIAN.
La Bourse et ses opérations.............. 2

A. DE BRÉHAT.
Un Drame à Calcutta. 1

FREDERIKA BREMER.
Axel et Anna.......... 1

J. BREYNAT.
Les Socialistes depuis février............... 1

A. BRY.
Raffet, sa vie et ses œuvres.............. 1

LE COMTE DE C...
Cris de guerre........ 1

F. CABALLERO.
La Famille Alvareda.. 1
La Gaviota........... 1
Un Jeune libéral et un légitisme 1

CADIOT.
Tablettes des révolutions................ 1

HECTOR DE CALLIAS.
Le Livre de la vie.... 1

A. CANTALOUBE.
Lettres sur le Salon de 1861................ 1

E. CAPENDU.
Les Coups d'épingle... 1
Marcof le Malouin..... 1
Le Marquis de Loc-Ronan.............. 1

DE CASSAN-FLOYRAC.
Le Rationalisme devant la raison........... 1

J. DE CARNÉ.
Un Homme chauve... 1

A. DU CASSE.
Histoire anecdotique de l'ancien théâtre. ... 1
Quatorze de Dames.. 1

H. CASTILLE.
Portraits historiques au XIXe siècle......... 30

VI^{cte} DE CASTON.
Les Tricheurs......... 1

G. DE CAUDEMBERG.
Le Monde spirituel.... 1

ALFRED CAUWET.
Contes du foyer....... 1

COMTE DE CAVOUR.
Lettres inédites....... 1

J.-M. CAYLA.
Ces bons Messieurs de St Vincent-de-Paul.. 1

CENAC-MONCAUT.
Contes de la Gascogne. 1

CH.-CHABOT.
Ce bon M. de Robespierre.............. 1

G. CHADEUIL.
Le Curé du Pecq..... 1
Jean Lebon.......... 1
Les Mystères du Palais. 1

GUSTAVE CHADEUIL ET HYP. LUCAS.
Le Panthéon des hommes utiles.......... 1

A. CHALLAMEL.
Les grands Capitaines amoureux.......... 1
La Régence galante... 1

G. DE CHAMPAGNAC.
Étude sur la propriété littéraire........... 1

DE CHANALEILLES.
État social des nations. 1

W.-E. CHANNING.
Le Christianisme...... 1
De l'Esclavage........ 1
Œuvres sociales...... 1
Traités religieux 1

LE ROI CHARLES XV.
Légendes et poëmes Scandinaves......... 1

LOUIS DE CHAROLAIS.
Le Capitaine de la Belle-Poule............... 1

CH. DE CHASSIRON.
Notes sur le Japon et la Chine 1

VICTOR CHAUVIN.
Les Romanciers grecs et latins........... 1

CH. DE CHERGÉ.
Des Noms et titres Nobiliaires............ 1

CHEVALET ET AUDRAY.
Rire et Satire........ 1

H.-ÉMILE CHEVALIER.
L'Espion noir........ 1
Le Pirate du Saint-Laurent............... 1
Les Requins de l'Atlantique.............. 1
Trente-neuf hommes pour une femme..... 1

J.-P.-CHEVALIER.
L'Ame............... 2

CHEVALIER ET GRIMAUD
Les Secrets de l'Industrie............... 1

L. CHODZKO.
Les Massacres de Galicie................ 1

C^{sse} DE CHOISEUL-GOUFFIER.
Réminiscences sur l'empereur Alexandre Ier et sur l'empereur Napoléon Ier.......... 1

LE COMTE DE CHOULOT
L'Art des Jardins..... 2

LOUIS CIBRARIO.
La Vie et la mort de Charles-Albert...... 1

A. DE CIRCOURT.
Histoire des Morisques. 3

JULES CLARETIE.
Une Drôlesse........ 1

GUSTAVE CLAUDIN.
Paris................ 1

PIERRE CLÉMENT.
Études financières..... 1

A. DU CLÉSIEUX.
Une Voix dans la solitude................ 1

J. COGNAT.
Clément d'Alexandrie.. 1

Mme C. COIGNET.
Les Mémoires de Marguerite.............. 1

A. COK.
Antoinette........... 1

LOUISE COLET.
L'Italie des Italiens... 4

F. COMBES.
Histoire de la diplomatie européenne...... 2

TABLE PAR NOMS D'AUTEURS.

	Vol.
OSCAR COMETTANT.	
La Gamme des Amours	1
CH. DE COSTER.	
Légendes flamandes	1
DU COURET.	
Les Mystères du désert	2
COUTURIER DE VIENNE.	
Paris moderne	1
A. DU COURNAU.	
Chants, anathèmes et prières	1
LÉONCE DE CUREL.	
La Chasse au lièvre	1
Le Chasseur au chien d'arrêt	1
M. CZAYKOWSKI.	
Contes Kosaks	1
F. DANCEL.	
L'Influence des voyages	1
J.-M. DARGAUD.	
Voyage aux Alpes	1
ALEX. DARGELN.	
Les Harmonies de la prière	1
COMTESSE DASH.	
Une Femme libre	1
E. DAUDET.	
Thérèse	1
JULES DAVASSE.	
Charmeurs de serpents	1
L. DAVÉSIÈS DE PONTÈS	
Childe Harold	2
N. DAVID.	
Fleurs d'Espagne	1
Vte L. DE DAX.	
La Mère	1
L. DE DAX.	
Nouveaux souvenirs de chasse et de pêche	1
A. DEBAY.	
Encyclopédie hygién.	20
DECLAT.	
Hygiène des enfants nouveau-nés	1
H. DELAAGE.	
Doctrines des sociétés secrètes	1
L'Eternité dévoilée	1
Le Monde prophétique	1
Le Monde occulte	1
Perfectionnement physique de la race humaine	1
Les Ressuscités au ciel et dans l'enfer	1

	Vol.
ALFRED DELVAU.	
Les Amours buissonnières	1
Hist. des cafés et cabarets de Paris	1
LOUIS DEPRET.	
Windsor	1
AM. DÉSANDRÉ.	
Blanche de Lausanne	1
DÉSAUGIERS.	
Chansons et poésies diverses	1
AD. DESBARROLLES.	
Les Mystères de la main	1
DESBORDES-VALMORE.	
Poésies inédites	1
CH. DESLYS.	
La Loi de Dieu	1
G. DESNOIRESTERRES.	
Les Cours galantes	4
Les Talons rouges	1
DESTRILHES.	
Confidences sur la Turquie	1
LOUIS DEVILLE.	
Une Aventure sur la mer Rouge	1
Excursions dans le Cornouailles	1
La Semaine-Sainte à Jérusalem	1
P. DOLGOROUKY.	
Notices sur les familles Russes	1
DORIGNY.	
La Bouche humaine	1
Causeries sur les dents	1
DOSFANT.	
Guillaume de Varennes	2
A. DOZON.	
Poésies popul. Serbes	1
Mlle ERN. DROUET.	
La Sœur de Charité	1
Caritas	1
DUBOIS DE GENNES.	
Le Troupier tel qu'il est	1
DUC DE D*.**	
La Fée Mignonnette	1
L. DUCHEMIN.	
La Jérusalem délivrée, texte et traduction	2
Traduction seule	1
A. DUMESNIL.	
L'Immortalité	1

	Vol.
J. DUMESNIL.	
Des Conseils généraux	2
ÉMILE DUMONT.	
L'Homme de bronze	1
A. DUPEUTY.	
Où est la Femme?	1
J. DUPUIS.	
Juvénal à Paris	1
DURAND-BRAGER.	
Quatre mois de l'expédition de Garibaldi	1
A. DURANTIN.	
La Légende de l'homme éternel	1
L.-A. DUVAL.	
Valdieu	1
GEORGE ELIOT.	
Adam Bede	2
La Famille Tulliver	2
V. EMION.	
Des Délits et des peines	1
ET. ENAULT.	
Comment on aime	1
Le dernier Amour	1
Le Vagabond	1
ENFANTIN (le Père).	
Correspondance philosophique	1
Correspondance politique	1
Science de l'homme	1
La Vie éternelle	1
ERCKMANN-CHATRIAN.	
Le Fou Yégof	1
LÉON ESCUDIER.	
Littérature musicale	1
M. ET L. ESCUDIER.	
Les Cantatrices célèbres	1
D'ESPARBÈS DE LUSSAN.	
De la France	1
A. ESQUIROS.	
L'Angleterre et la vie anglaise	1
JOSEPH D'ESTOURMEL.	
Souvenirs de France et d'Italie	1
Mme DE F...	
Le Livre des patiences	1
FABIEN.	
Paris en songe	1
JULES FAVEREAU.	
A vol d'oiseau, France, Italie	1
Mme HORTENSE DU FAY	
Le Prophète du XIXe siècle	1

	Vol.		Vol.		Vol.
R. FÉDÉRICI.		**ÉDOUARD FOURNIER.**		**G. DE GENOUILLAC ET DE PIOLENC.**	
Chronologie de la civilisation	1	Corneille à la Butte St-Roch	1	Nobiliaire des Bouches-du-Rhône	1
G. FERAI.		Énigmes des rues de Paris	1	**J. A GENTIL.**	
La Famille	1	L'Esprit dans l'histoire	1	Manuel de l'aspirant magnétiseur	1
PIERRE DE FERLAT.		L'Esprit des autres	1	Des syndicats et de l'enseignement professionnel	1
Iba, souvenir intime	1	La Fille de Molière	1		
JULES FERRY.		Histoire du Pont Neuf	2	**JULES GÉRARD.**	
La Lutte électorale en 1863	1	L'Hôtesse de Virgile	1	L'Afrique du Nord	1
GABRIEL FERRY.		Légendes et curiosités parisiennes	1	Le Mangeur d'hommes	1
Les Révolutions du Mexique	1	Le Paradis trouvé	1	**J. DE GÈRES.**	
J.-P. FERRIER.		Le Roman de Molière	1	Rose des Alpes	1
Voyage en Perse	2	Le Vieux-Neuf	2	**HENRY GIBSTONE.**	
PAUL FÉVAL.		**FRIANT.**		Dean le Quarteron	1
Aimée	1	Vie militaire du général comte Friant	1	**L. DE GIVODAN.**	
Le Capitaine Fantôme	2			Histoire des classes privilégiées	2
Bouche de fer	1	**ÉM. GABORIAU.**		**L. GODARD.**	
Le Drame de la jeunesse	1	Les Comédiennes adorées	1	Pétersbourg et Moscou	1
La Garde noire	1	Les Cotillons célèbres	2	Domenica	1
Jean Diable	2	Les Gens de bureau	1	**IVAN GOLOWINE.**	
E. FEYDEAU.		Le 13me hussards	1	Histoire d'Alexandre I	1
Catherine d'Overmeire	2	Les Mariages d'aventure	1	Manuel du marchand de tableaux	1
Sylvie	1	Ruses d'amour	1		
G. FISCH.		**J.-M. GAGNEUR.**		**A. ET J. DE GONCOURT.**	
Les États-Unis en 1861	1	Un Drame électoral	1	Les Actrices	1
G. DE FLOTTE.		Une Femme hors ligne	1	L'Art au XVIIIe siècle	2
Bévues parisiennes	1	**J.-A. GALLETTI.**		Hist. de la société franç.	3
MARIUS FONTAINE.		Histoire de la Corse	1	Les Hommes de lettres	1
Confidences de la vingtième année	1	**A. GANDON.**		La Lorette	1
ULRIC DE FONVIELLE.		Souvenirs d'un vieux chasseur d'Afrique	1	Portraits intimes du XVIIIe siècle	2
Souvenirs d'une Chemise rouge	1	**CH. GARNIER.**		Une Voiture de masques	1
FORTUNIO.		Journal du siège de Gaëte	1	**A. GOUET.**	
Amours de Geneviève	1	**B. GASTINEAU.**		Une Caravane parisienne dans le desert	1
MARIA DE FOS.		La Vie en chemin de fer	1	La Dette de famille	1
Gaëte	1	**J. GAUNEAU.**		**GOUGENOT DES MOUSSEAUX.**	
DE FOUCAULD.		Éducation des nouveau-nés	1	La Magie au XIXe siècle	1
Mémoires sur les événements de juillet 1830	1	**TH. GAUTIER.**		**DU GOUT D'ALBRET.**	
DE FOUDRAS.		Abécédaire du Salon de 1861	1	Le Solitaire de la Tour d'Avance	1
La Vénerie contempor.	2	**GAVARNI.**		**L. GOZLAN.**	
G. FOURCADE-PRUNET.		Masques et visages	1	L'œil noir et l'œil bleu de Mlle Diane	1
La Question des filles à marier	1	**G. DE GENOUILLAC.**		**GRANDAY.**	
Un Sauvage à Paris	1	Dictionnaire des fiefs	1	La Clef des temps	1
A. FOURGEAUD.		Dict. des Ordres de chevalerie	1	**A. GRANDGUILLOT.**	
Physiologie des commis-voyageurs	1	Grammaire héraldique	1	Lettres russes	1
Faut-il se marier?	1	Armoiries des maisons nobles de France	1	**DE GRANDPRÉ.**	
VICTOR FOURNEL.				Une Héroïne	1
Tableau du vieux Paris, —Les spectacles populaires	1				
Curiosités théâtrales	1				

TABLE PAR NOMS D'AUTEURS.

GRANIER DE CASSAGNAC
Antiquité des patois.... 1
Histoire des Girondins. 2
NICOLAS GRANVILLE.
Granville dans les étoiles 1
E. GREEVES.
Comédies parisiennes.. 1
A. GRENIER.
La Grèce en 1863..... 1
ÉMILE GREYSON.
Jacques le charron.... 1
A. GRISIER.
Les Armes et le Duel... 1
J. GUADET.
De la Représentation nationale en France. 1
LÉON GUÉRIN.
Simples récits......... 1
J. GUIGARD.
Bibliothèque héraldique de la France.... 1
DE GULDENSTUBBE.
La Morale universelle. 1
C. HABENECK.
Justice 1
Nouvelles espagnoles.. 1
DU HAILLY.
Campagnes sur les côtes d'Amérique......... 1
VICT. HALLAYS-DABOT.
Histoire de la Censure théâtrale............ 1
DU HAMEL.
Don Juan de Padilla... 1
E. HANNOTIN.
La Philosophie ancienne retrouvée.... 1
A. HAREMBERT.
Le Droit humain 1
Nouvelle Organographie du crâne humain..... 1
La Vérité............ 1
HÉNAULT (le présid.)
Mémoires............. 1
C. HENRICY.
La Tribune des Linguistes............ 1
A. HERTZEN.
Le Monde russe....... 3
F. HEUZEY.
Curiosités de la Cité de Paris.......... 1
DANIEL DUNGLAS HOME.
Révélations sur ma vie surnaturelle......... 1
Mlle HORTENSE ***
La Magicienne........ 1

A. HUBER.
Nuit de veille d'un prisonnier d'État....... 1
L. D'HURA.
Les Quatre Filles Aymon............... 1
E. HUZAR.
L'Arbre de la science. 1
La Fin du monde par la science............. 1
P. DE L'ISLE.
Le Jardin d'Amour.... 1
P.-L. JACOB LE BIBLIOPHILE.
Curiosités des sciences occultes............ 1
J. JACOTOT.
Enseignement universel 7
JAUFFRET.
Catherine II et son règne.............. 2
LE ROI JÉRÔME.
Mémoires............. 6
JOSAT.
Manuel de bons secours. 1
L. JOURDAN.
Un Hermaphrodite.... 1
Les Martyrs de l'Amour. 1
Un Philosophe au coin du feu.............. 1
P. JUILLERAT.
Les Soirs d'octobre... 1
ISABELLE JULLIARD.
Une Possédée en 1862. 1
M. KAMIENSKI.
Souvenirs de Voyage et de Guerre 1
A. DE KÉRANIOU.
Les Infâmes 2
Les Maris-Garçons.... 1
Les Valets de grande maison.............. 1
ÉDOUARD KNŒPFLIN.
Annuaire de la charité 1
Les Bienfaiteurs des Pauvres............ 1
HENRY DE KOCK.
L'Amour bossu........ 1
VICTOR KONING.
Les Coulisses parisiennes............... 1
A. DE LACHAPELLE.
Le comte de Raousset-Boulbon............ 1
A. LACAUSSADE.
Les Épaves 1
Poëmes et Paysages .. 1

LACOMBE.
Voyage autour d'une volière 1
G. DE LAGNY.
Les Chasses sauvages de l'Inde............ 1
DE LAGONDIE.
Le Cheval anglais..... 1
A.-F. DE LA GRANGE.
Le Grand livre du destin 1
M^{se} DE LA GRANGE.
La Marquise d'Egmet.. 1
A. DE LA GUÉRONNIÈRE.
Les Hommes d'État de l'Angleterre 1
MAXIME LALANNE.
Chez Victor Hugo ... 1
G. LALLERSTEDT.
La Scandinavie..... . 1
JULIETTE LAMBER.
Idées antiproudhoniennes............. 1
ALPH. DE LAMARTINE.
Fior d'Aliza.......... 1
G. DE LA LANDELLE.
Aviation............. 1
Le Gaillard d'Avant... 1
Le Langage des Marins 1
Poëmes et chants marins 1
LANNAU-ROLLAND.
Les grandes amoureuses au couvent...... 1
LAORTY-HADJI.
La Syrie, la Palestine et la Judée......... 1
CH.-F. LAPIERRE.
Deux Hivers en Italie. 1
LA PARRAZ.
Le Mystère des temps dévoilé 1
L.-J. LARCHER.
Les Anglais, Londres et l'Angleterre...... 1
Dictionn. d'anecdotes. 1
La Femme jugée par les grands écrivains..... 1
LARDIN ET MIE D'AGHONNE.
Le premier Amour d'une jeune fille.......... 1
H. LAROCHE ET G. FOULD
L'Enfer des Femmes.. 1

Mme DE LA ROCHEJA-QUELEIN.
Mémoires sur la Vendée 2
DE LASTIC-SAINT-JAL.
L'Ami de l'Éleveur 1
LAURENT (DE L'ARDÈCHE.)
La Maison d'Orléans. . 1
ARMAND LEBAILLY.
Maria Grazia.......... 1
EM. LE BON.
Joseph Le Bon........ 1
ÉM. LECLERCQ.
Les Amours sincères... 4
Séraphin.............. 1
Tableaux de genre 1
La Duchesse d'Alcamo. 1
AUG. LECOMTE.
Le Chemin de l'épaulette 1
JULES LECOMTE.
La Charité à Paris 1
Le Perron de Tortoni. 1
PAUL LECONTE.
L'Art de converser et d'écrire chez la femme 1
AM. LE FAURE.
Le Socialisme pendant la révolution........ 1
PIERRE LEFRANC.
Le Mariage du vicaire 1
A.-F. LEGENTIL.
Notices sur Beethoven. 1
H.-T. LEIDENS.
Le Manuscrit de ma cousine 1
H. LEMEME.
Remède contre la mort. 1
JULIEN LEMER.
Le Charnier des innocents................ 1
Paris au gaz.......... 1
A. ET L. LE PAS.
Légendes des litanies de la Sainte-Vierge..... 1
PIERRE LEROUX.
La Grève de Samarez.. 4
Quelq. pages de vérités. 1
M. DE LESCURE.
Confessions de l'abbesse de Chelles........ 1
Les Maîtresses du régent 1
LÉO LESPÈS.
Les quatre coins de Paris.............. 1
B. DE LESPINOIS.
L'Art dans la rue et l'art au Salon............ 1

G. E. LESSING.
Nathan le sage........ 1
A. LESTRELIN.
Les Paysans Russes.. 1
F.-L. LEVASSEUR.
La Dalmatie 1
JULES LOISELEUR.
Les Résidences royales de la Loire 1
W. LONGFELLOW.
Hypérion et Kavanagh. 2
LORÉDAN-LARCHEY.
Excentricités du langage................ 1
A. LUCAS.
Les Clubs et les clubistes 1
HIPPOLYTE LUCAS.
La Pêche d'un mari... 1
LOUIS LUCAS.
La Médecine nouvelle. 2
V. MARILLE.
Les Cigarettes......... 1
PAUL MAHALIN.
Les Galants de la couronne............. 1
E. MAINARD.
Des Officiers-magistrats de police 1
L. MAILLARD.
Notes sur l'Ile de la Réunion............ 1
Conchyologie 1
F. MALO.
Histoire d'un enfant du peuple.............. 1
T. MAMIANI.
Un nouveau Droit européen............... 1
P. MANCEL DE BACILLY.
Du Pouvoir et de la Liberté............... 1
MANÉ.
Paris effronté......... 1
Paris mystérieux....... 1
Le Paris viveur...... 1
E. MANUEL.
Les Joies dédaignées.. 1
H. DE MARNE.
Du Gouvernement de Louis XIV 1
MARTIN D'OISY.
A travers la Science... 1
A. MARTIN.
Le Père aux bêtes.... 1
MARY-LAFON.
Mille ans de guerre... 1
Mœurs et coutumes de la vieille France..... 1
Pasquin et Marforio... 1

C. DE MASSAS.
Le Pêcheur à la mouche artificielle.......... 1
MICHEL MASSON.
La Gerbée............ 1
A. MAZON.
Le Vieux musicien.... 1
MENCHE DE LOISNE.
France et Angleterre.. 1
ANTONIN MÉRAY.
Tribulations d'un joyeux monarque........... 1
E. MERLIEUX.
Les Princesses russes prisonnières au Caucase 1
E. MERSON.
La Divinité de Jésus et M. Renan 1
O. MERSON.
La Peinture en France. 1
L. MESNARD.
Poëmes.............. 1
H. METTAIS.
Souvenir d'un médecin de Paris........... 1
CLOVIS MICHAUX.
Poésies 1
LOUIS MICHEL.
Vie universelle........ 1
La Clef de la vie...... 2
J. MICHELET.
La Sorcière.......... 1
La Pologne martyr.... 1
ZILIA MICHELET.
Sur l'Amour de M. Michelet............... 1
A. MICHIELS.
Histoire des Idées littéraires............... 2
Histoire de la politique Autrichienne........ 1
Histoire secrète du gouvernement Autrichien 1
J.-N. MICHON.
Apologie chrétienne au XIXe siècle.......... 1
Voyage religieux en Orient.............. 2
ADAM MICKIEWICZ.
Le Livre de la Nation polonaise et des Pè-

TABLE PAR NOMS D'AUTEURS.

lerins polonais..... 1

F. MILLET.
Cours de magnétisme animal.............. 1

MILLET-ROBINET.
Guide pratique du fermier................ 1

MIRABEAU.
Lettres d'amour........ 1

E. DE MIRECOURT.
La Bourse et les signes du siècle........... 1

MOCQUARD.
Jessie................ 2

HENRY MONNIER.
La Religion des Imbéciles 1
Scènes populaires...... 1

ÉLIE DE MONT.
Double conversion 1

LOUIS DE MONTCHAMP.
Les Bohémiennes de l'amour............. 1

LOLA MONTEZ.
L'Art de la Beauté.... 1

A. DE MONTVAILLANT.
Rêves poétiques...... 1

MOREAU CHRISTOPHE.
Le Monde des coquins. 1

A. MORIN.
Magie du XIXe siècle. Ténèbres 1
Philosophie magnétique 1

F. MORNAND.
L'Année anecdotique.. 1

PAUL MOURIEZ.
Les Guerres commerciales.............. 1

C. DE MOUY.
Raymond 1
Grands Seigneurs et Grandes Dames..... 1

E. MULLER.
Madame Claude 1

JEANNE MUSSARD.
La Fille d'un Homme d'argent 1

CHARLES DE MUTRÉCY.
Journal de la campagne de Chine.......... 2

ISABINE DE MYRA.
Voilà l'homme!....... 1

LOUIS NADEAU.
Voyage en Auvergne.. 1

CH. NARREY.
Ce qu'on dit pendant une contredanse..... 1

A. DE LA NEUVILLE.
La Chasse au Chien d'arrêt 1

EUGÉNIE NIBOYET.
Le Vrai livre des femmes 1

L. NICOLARDOT.
Ménage et finances de Voltaire 1

DE NOÉ.
Trente jours à Messine. 1

E. NUS.
Les Dogmes nouveaux.. 1

ODUAGA-ZOLANDE.
Les Courses de taureaux expliquées 1

J. OLIVIER.
Le Batelier de Clarens. 2

GÉNÉRAL D'ORGONI.
Une Série d'aventures.. 1

BLAISE PASCAL.
Abrégé de la vie de Jésus-Christ........... 1

F. PASSY, V. MODESTE ET PAILLOTTET.
De la Propriété intellectuelle 1

CH. PASSAGLIA.
Etude sur la vie de Jésus................ 1

CH. PAYA.
Les Cachots du Pape. 1

A.-C. PAYN.
Dictionnaire des pensées, maximes, etc. 1

SILVIO PELLICO.
Lettres............... 1

V. PERCEVAL ET L. DESNOYERS.
Une Femme dangereuse 1

Mme CAMILLE PÉRIER.
Méryem. Scènes de la vie algérienne....... 1

PAUL PERRET.
Légendes amoureuses de l'Italie.......... 1

Mme AMÉLIE PERRONNET
En comptant les Etoiles 1

MARC PESSONNEAUX.
La Vie à ciel ouvert... 2

PHILOTÉE.
Du Pape 1

Z. PIÉRART.
Le Magnétisme dans l'histoire... 1

VICTOR PIERRE.
Les Elections en 1863 1

GÉNÉRAL DE PIMODAN.
Campagnes d'Italie.... 1

OSCAR PIRMEZ.
Feuillées............. 1

DE PLASMAN.
Comment on convertit un mari............ 1
Les Illusions du temps présent.... 1
Les Strauss français... 1

É. PLOUVIER.
La Bûche de Noël..... 1

C. POISOT.
Histoire de la Musique en France.......... 1

A. POMMIER.
La Dame au manteau rouge.............. 1

ARTHUR PONROY.
Le Château de Colombes. 1
Le Lion de Lucerne... 1

PONSON DU TERRAIL.
Les Gandins.......... 2
L'Héritage d'un Comédien................ 1
Les Nuits de la Maison Dorée.............. 1

PRIESSNITZ.
Quatre ans à Grœffenberg................ 1

P.-O. PROTIN.
Les Économistes appréciés 2

P.-J. PROUDHON.
La Fédération et l'unité italienne........ 1
La Guerre et la Paix.. 2
Les Majorats littéraires 1
Du Principe fédératif.. 1
Théorie de l'impôt.... 1

D. RAMÉE.
La Mort de Jésus..... 1

J.-S. RAREY.
L'Art de dompter les chevaux 1

Mme URBAIN RATTAZZI.
Mademoiselle Million.. 1
Le Réputation d'une femme............... 1

PAUL REIDER.
Mlle Vallantin............ 1
A. REGAZZONI.
Nouveau manuel du magnétiseur............ 1
ALEX. RÉMY.
Anniversaires royalistes 1
J. RÉMY.
Voyage au pays des Mormons............ 2
ARMAND RENAUD.
La Griffe rose......... 1
A. RENÉE.
La Grande Italienne... 1
B. DE RENUSSON.
Le Christianisme et le Suffrage universel... 1
A. RENZI.
La Signora di Monza.. 1
S. RHÉAL DE CÉSÉNA.
Stations poétiques..... 1
Nouv. stations poétiques 1
E.-G. REY.
Satires parisiennes.... 1
H. DE RIANCEY.
Le Général comte de Coutard............. 1
E. RICHEBOURG.
L'Homme aux lunettes noires 1
H. ROCHEFORT.
Petits mystères de l'hôtel des Ventes....... 1
CHARLES ROMEY.
Hommes et choses de divers temps........ 1
L. DE LA ROQUE.
Annuaire du Languedoc 2
Armorial de la Noblesse de Languedoc....... 2
L. DE LA ROQUE ET E. DE BARTHELEMY.
Catalogue des Gentilshommes en 1789.... 15
ROSSEEUW SAINT-HILAIRE.
Études religieuses et littéraires............. 1
L. ROSSI.
Six ans en Amérique.. 1
VICTORINE ROSTAND.
Les Amours de village.. 1
F. ROUBAUD.
Théophraste Renaudot. 1
VICTOR ROZIER.
Les Dons de la Femme. 2

J. RUFFINI.
Le docteur Antonio... 1
Lavinia.............. 2
Lorenzo Benoni....... 1
Mlle JENNY SABATIER.
Rêves de Jeunesse.... 1
L. SAGLIER.
Olympia.............. 1
A. DE SAINT-ALBIN.
Pie IX............... 1
SAINT-AMAND.
Histoire des révolutions d'Haïti.............. 1
J. DE SAINT-FÉLIX.
Les Cousines de Satan. 1
Les Nuits de Rome... 1
Rome en Provence..... 1
L.-C. DE SAINT-MARTIN.
Les Nombres......... 1
Correspondance inédite 1
M. SAMSON.
L'Art théâtral. (1re partie.)............... 1
GEORGE SAND.
Autour de la table..... 1
Souvenirs et impressions............. 1
G. SARRUT.
Les Fils d'Arpad...... 1
E. DE SARS.
Sonnets, iambes et ballades................ 1
H. DE SAUCLIÈRES.
Esquisses sur la province d'Alger....... 1
CHARLES SAUVESTRE.
Le Parti dévot........ 1
P. DE SÉMAINVILLE.
Code de la Noblesse française............ 1
ÉD. DE SEPTENVILLE.
Découvertes et conquêtes du Portugal...... 1
DE SÈZE.
Histoire de l'événement de Varennes......... 1
CAMILLE SICARD.
Tenue des livres....... 1
GAETANO DA SILVA.
L'Oyapoc et l'Amazone 2
ALFRED SIRVEN.
Les Imbéciles......... 1
Les Infâmes de la Bourse................. 1

THÉOPHILE SILVESTRE.
Histoire des peintres vivants (Français)..... 1
W. SNAKE.
Les Mondes habités.... 1
J.-B. SŒHNLIN.
La Mère du croisé..... 1
LÉOPOLD STAPLEAUX.
La Chasse aux Blancs 1
Les cent francs du dompteur................ 1
MATHILDE STEV***.
L'Amant de carton.... 1
A. DE STOURDZA.
Œuvres posthumes.... 5
OL. SOUVESTRE.
Mikael............... 1
DE SUZANNET.
Souvenirs de voyages.. 1
TARDIF DE MELLO.
Le Langage fondé sur la logique.......... 1
TAUNAY.
Terentius (traduction).. 9
TENANT DE LATOUR.
Mémoires d'un bibliophile................ 1
THALÈS-BERNARD.
Histoire de la Poésie.. 1
THIÉBAULT.
20 Semaines à Munich.. 1
Cte DMITRY TOLSTOY.
Le Catholicisme romain en Russie........... 2
E. DE TOULGOET.
Manuel héraldique..... 1
A. TOUSSENEL.
L'Esprit des bêtes..... 1
Le Monde des oiseaux. 3
Tristia, misères et fléaux 1
IVAN TOURGUÉNEF.
Une Nichée de gentilshommes............. 1
Nouvelles scènes de la vie russe........... 1
Récits d'un chasseur... 1
A. TROUBETZKOY.
La Russie Rouge...... 1
TURPIN DE SANSAY.
Les Hypocrites........ 1
LOUIS ULBACH.
Histoire d'une mère et de ses enfants....... 1

	Vol.		Vol.		Vol.
S.-A. VAIGLANT.		**H. VIÉ.**		L'Amour par les grands écrivains	1
Les Rômes	1	La Muscadine	1	De l'Amour des femmes pour les sots	1
J.-L. VAISSE.		**LA REINE VICTORIA.**			
Le Spiritualisme	2	Méditations sur la mort et l'éternité	1	De l'Amour des sots pour les Femmes d'esprit	1
LÉON VALERY.		Méditations sur la vie et ses devoirs	1	L'Art de former les somnambules	1
Les Expiations	1	**H. DE VIEIL-CASTEL.**		Campagnes d'Italie et de Hongrie en 1848	1
DE VALFONS.		Les Travailleurs de septembre	1	Chrétienne et Musulman	1
Souvenirs	1	**F. VIDALEIN.**		Congrès de Vienne	1
LOUISE VALLORY.		La Cuisinière des familles	1	La Cour de Russie il y a 100 ans	1
Madame Hilaire	1	**VILLEBOIS.**		Dix ans d'impérialisme en France	1
Un Amour vrai	1	Mémoires secrets sur la Cour de Russie	1	Doit-on pleurer sa femme	1
A. DE VALOIS.		**DE VILLEMUR.**		Éphémérides polonaises	2
Le Mexique, Havane, Guatemala	1	Monseigneur le duc de Bourbon	1	Les Grands Corps politiques de l'État	1
A. DE VALON.		**VILLIAUMÉ.**		Guide du joueur à la roulette	1
Nouvelles et chroniques	1	Histoire de Jeanne Darc	1	Hasard. Trente-et-quarante et Roulette	1
Mis DE VALORI.		**VILLIERS DE L'ISLE-ADAM.**		Henri de Bourbon	1
Roger, poëme de la vie	1	Isis	1	Histoire populaire des Guerres de la Vendée	1
C. DE LA VARENNE.		**L. WALRAS.**		Lettres de Colombine	1
Les Autrichiens et l'Italie	1	Francis Sauveur	1	Lettres de Junius	1
Le roi Victor-Emmanuel	1	**A. WEILL.**		Le Livre de Consolation	1
DE VAUBICOURT.		L'Homme de lettres	1	La Magie maternelle	1
Mémoires d'un chasseur de renards	1	Lettres fraternelles à L. Veuillot	1	Mémoires d'une Femme de chambre	1
J.-F. VAUDIN.		Le Livre des Rois	1	Menus propos sur l'amour des femmes pour les sots	1
Gazette et Gazetiers	2	Vie de Schiller	1	La Misère et les misérables	2
DE VEAUCE.		**ED. WERDET.**		Monnaies et métaux précieux	1
De l'Élevage du cheval	1	Histoire du livre en France	4	Les nouveaux Traités de Commerce	1
TH. DE VEILLECHÈZE.		Portrait intime de Balzac	1	Organisation sociale de la Russie	1
Le Gandin et ses ancêtres	1	**J. WISNIENSEI.**		Perdita	1
VALERY VERNIER.		Étude sur les poëtes dramatiques de la France au XIXe siècle	1	La Pologne et la Diplomatie	1
Comment aiment les femmes	1	**ÉLISA ZEILLER.**		Quelques vérités utiles	1
Les Femmes excentriques	1	Souvenirs d'un voyage au Mexique	1	Rude, sa vie, ses œuvres	1
PIERRE VÉRON.		Almanach de la Cour	1	Les Superstitions du Paganisme renouvelées	1
Les Gens de théâtre	1	L'Amour et l'Honneur	1	Une Trappe pour prendre un rayon de soleil	1
Les Marchands de santé	1				
Les Marionnettes de Paris	1				
Monsieur Personne	1				
Paris s'amuse	1				
Le Roman de la femme à barbe	1				
Les Souffre-Plaisir	1				

www.ingramcontent.com/pod-product-compliance
Lightning Source LLC
Chambersburg PA
CBHW060333170426
43202CB00014B/2760